Sterben üben,
damit das Leben sich entfalten kann

Für meine Eltern,

Ferdinande und Erich Woggon,

in Liebe und Dankbarkeit

Sabine Rachl

Sterben üben, damit das Leben sich entfalten kann

Grundlagen, Fallgeschichten und Selbstreflexionen für die Sterbe- und Trauerbegleitung

Patmos Verlag

Auf eine Art empfinde ich das Sterben als mein Meisterstück. Diese Krankheit schenkt mir genug Vorlauf, um ganz bewusst darauf zuzugehen. Das ist die Vorwärtsbewegung. Diese Vorwärtsbewegung ist aber zugleich eine Rückwärtsbewegung, eine Beschäftigung mit meiner Vergangenheit, eine Innenwärtsbewegung, immer tieferes Hineingleiten in mich selbst – wortfrei – und eine Auswärtsbewegung – die Kommunikation mit meinen Lieben –, um sie so weit wie möglich mitzunehmen auf dem Weg meiner Lebensvollendung.
Das trifft es vielleicht am ehesten: Ich möchte mein Leben nicht nur bewusst beenden, ich möchte es vollenden auf meine ganz ureigene unvergleichliche Art. Dieses Sterben wird mein Meisterstück. Das wünsche ich mir. Und dafür brauche ich Eure Unterstützung.

Andrea Schell, 53 Jahre, Januar 2021,
gestorben im März 2021

Inhalt

Übung zu Beginn 8

Was wäre denn, wenn ...? 9

Vorwort 11

Einleitung: Was hat das Sterben mit dem Leben zu tun? 21

1. Den Ängsten auf der Spur ... 27

Übung: Welche Ängste habe ich in Bezug auf Sterben und Tod? 28

Wissen: Zum Zusammenhang von Angst und Kommunikation. Unterscheidung von Todesangst und Sterbensängsten 35

Geschichten 45

Literatur 50

2. Meine Geschichte mit Abschiedserleben im Selbstüberblick 51

Übung: Ein Streifzug durch meine Vergangenheit 54

Wissen: Bewusstwerdung und Verarbeitung von prägenden Abschiedserlebnissen in der Vergangenheit 55

Exkurs: Das Innere Kind 63

Geschichten 74

Literatur 79

Einschub: Die Kraft der Imagination 80

Übung: Der sichere innere Ort 83

3. Vom Reichtum meines Lebens 87

Wie das Erleben bewusster Rückschau unser Selbstverständnis vertiefen kann: Einführung in die Arbeit mit der Lebensspirale 88

Übung: Lebensspirale von meiner Geburt bis heute 94

Wissen: Alles ist nachholbar: Die Kraft der Rituale 100

Geschichten 106

Literatur und Lektüreempfehlungen 115

4. Das Erbe meiner Vorfahren 117

Übung: Lebensspirale vor meiner Geburt 119

Wissen: Transgenerationale Weitergabe und ihre Bedeutung für die Einstellung zu Tod und Sterben 122

Geschichten 132

Literatur 139

5 Wie möchte ich sterben – wie möchte ich leben? 141

Übung: Vorstellungen vom eigenen Sterben und Tod 148

Wissen: Medizinisches und Rechtliches zum Sterbeprozess 151

Wissen: Zur Begleitung von Sterbeprozessen 161

Dichte Gedanken 170

Literatur, auch für Kinder 175

Zwischenbilanz: Wer bin ich und wer möchte ich sein? 177

Übung: Mein Wesens-Spiegel 178
Übung: Lebensspirale Zukunft 181

6 Spirituelles Erleben im Sterbeprozess 185

Übung: Lebensspirale zur Entwicklung der eigenen Spiritualität 194

Wissen: Zur Bedeutung von Spiritualität im Sterbeprozess 196

Lichtübung 202

Geschichten 206

Literatur 210

Übergang: Die spirituelle Dimension der Musik 212

7 Zur Bedeutung von Musik im Sterbeprozess für Sterbende und Begleitende 215

Übung: Musikbiografie in der Lebensspirale verankern 217

Wissen: Möglichkeiten der Musik als persönlichkeitsstärkendes Element im Sterbeprozess 219

Geschichten 225

Literatur 228

Nachklang 229

Dank 233

Verbände, Netzwerke, Entwicklungen 235

Vita 238

Übung zu Beginn

Wenn ich „Tod und Sterben" höre, welche drei Wörter oder inneren Bilder kommen mir zuerst in den Sinn?

Schließe kurz die Augen und höre und schau in dich hinein. Dann notiere, was dir in den Sinn gekommen ist, hier auf dieser Seite.
Wenn es nicht drei Begriffe oder Bilder sind, sind es vielleicht zwei oder fünf oder sieben …
Mache dir die Aufgabe zu eigen, so, wie es dir gerade sinnvoll erscheint:

Was wäre denn, wenn …?

Wie Menschen sterben, bleibt im Gedächtnis derjenigen, die weiterleben. Mit unserem Sterben legen wir einen Samen in die Erde des Herzgedächtnisses unserer Lieben.

Dieser Same wächst ihr ganzes Leben lang entweder zu einer schönen, vielleicht baumähnlichen Pflanze mit Verästelungen und Blüten heran, einer Pflanze, an die sie sich anlehnen können und sich ausruhen – oder zu gekrümmten erstarrten Formen voll „Hätte ich doch, ich durfte nicht, ich konnte nicht mehr, wäre ich bloß, mir war es verboten …"

Was wäre denn, wenn wir das Spiel des Lebens und Sterbens schon früher beginnen?
Wenn wir schon jetzt mit unseren Lieben sprechen und ihnen alles sagen, oder alles für sie aufschreiben, was noch zu sagen ist? Jeden Dank, jede Wunderbarkeit, jedes Vertrauen, jede Liebe schon jetzt aussprechen? Ebenso unsere Wünsche zum Sterben und auch unsere Gedanken dazu, falls diese nicht zu erfüllen sind?

Was wäre denn, wenn wir uns jetzt schon einmal innerlich verabschieden von denen, die uns am nächsten sind, wenn wir das alte Mönchsspiel vom guten Tod öfter mal spielen, wie es in manchen Klöstern des Mittelalters wöchentlich üblich war?

Was wäre denn, wenn wir schon jetzt alles abgeben, was wir nicht mehr brauchen, und uns auf das konzentrieren, was für uns wesentlich ist?

Was wäre, wenn wir Konflikte schon jetzt lösen oder unlösbare loslassen würden, wenn wir Streits schon jetzt begraben oder lautstark aussprechen, was nie gesagt werden konnte?

Was könnte geschehen, wenn wir schon jetzt nur noch so leben, wie es unserer selbst würdig ist? Wenn wir die Arbeit wechseln, falls sie uns nicht passt, und mit weniger Geld auskommen, damit wir schon jetzt viel Zeit verbringen können mit unseren nahen lieben Menschen und Tieren, damit wir so viel in der Natur sein können, wie unsere Seele es braucht, und möglichst viel tanzen und singen und lachen?

Wie wäre es denn, wenn wir die Brücke der inneren Verbundenheit zu allem Lebendigen jeden Morgen neu betreten, bevor wir irgendetwas anderes tun? Wenn wir jeden Tag spüren, dass immer alles mit allem verbunden ist und dass ich deshalb genau heute alles verändern kann?

Was wäre denn, wenn wir jetzt schon so leben würden, dass wir jeden Tag sterben könnten, und alle um uns herum wüssten, dass das gut für uns ist?

Worum müssten wir uns dann noch sorgen?

Vorwort

„Ein guter Tod ist erlernbar wie Schwimmen oder Bergsteigen", schreibt die im Juli 2022 verstorbene österreichische Schriftstellerin und studierte Physikerin Lotte Ingrisch in einem ihrer vielen Werke, die ums Sterben und ums Leben kreisen. Ein provozierender Gedanke, setzt er doch voraus, dass ich mich mitten im Leben mit dem Sterben beschäftigen möchte, bevor es sich mit mir beschäftigt.

Als Musiktherapeutin auf einer Palliativstation habe ich in den vergangenen zwei Jahren, der sogenannten „Corona-Zeit" außergewöhnlich viele erschrockene Tode erlebt und begleitet. Nicht verursacht durch das Virus, sondern vielmehr dadurch, dass die Sterbenden erst ganz zum Schluss von zu Hause in die Klinik gewechselt sind, um Besuchsverboten auszuweichen, und sich dann das ganze Familiensystem im wahrsten Sinne von einem Tag auf den anderen mit dem Tod beschäftigen musste. In den meisten Fällen eine schmerzvolle Überforderung.

Unabhängig davon habe ich in den letzten sieben Jahren, gemeinsam mit Kolleg:innen, in sechs Kursen insgesamt 80 Musiktherapeut:innen auf einen Wechsel ins palliative Arbeitsfeld vorbereitet und ebenso viele Studierende im Masterstudiengang Musiktherapie an der Universität der Künste Berlin in dieses Themenfeld eingeführt. Hier ging es darum, zunächst der eigenen Haltung zu Tod und Sterben auf die Spur zu kommen, um dann herauszufinden, wie die Einzelnen ihre Haltung verändern möchten, um gut im palliativen Kontext arbeiten zu können und vielleicht selbst auch im privaten Umfeld anders mit nahen Todesfällen sowie mit dem eigenen Sterben umgehen zu können. Diese Forschungsreise ins Eigene wurde genährt durch fachliches, medizinisches sowie therapeutisches Wissen in Bezug auf Tod und Sterbeverläufe.

Beide Erfahrungen in Kombination haben mich bewogen, dieses Buch zu schreiben. Die Rückmeldungen der Teilnehmenden haben über die Jahre gezeigt, dass vor allem die Erkenntnisse aus der eigenen lebensgeschichtlichen Forschung eine Haltungsänderung zur Folge hatten, die nicht nur im beruflichen, sondern gerade auch im privaten Umfeld bleibende Spuren hinterließ:

Ich habe den Reichtum meines Lebens angeschaut und meine Sterbeerfahrungen in diesen Reichtum an Erfahrungen eingeordnet. Ich habe verstanden, was mir als Kind und Jugendliche gefehlt hat, und es betrauert. Beim nächsten Tod werde ich besser für mich sorgen, erst recht, wenn es mein eigener ist.

Ich kann meine Tochter jetzt besser alleine ziehen lassen, habe nicht mehr jede Minute Angst um sie.

Ich kenne meine Ängste jetzt näher und konnte einige ablegen, von den anderen weiß ich, dass ich ihnen vor meinem Tod begegnen möchte.

Meine Stimme bricht nicht mehr, wenn ich auf Trauerfeiern für nahestehende Menschen singe.

Ich konnte bei der Aufbahrung meiner Mutter ein Lied anstimmen, obwohl mich Tod sonst immer sprachlos gemacht hat.

Ich halte meine Kinder nicht länger von möglicherweise schwierigen Erfahrungen fern, sondern suche diese gemeinsam mit ihnen auf.

Ich konnte alte Wunden heilen, Nicht-Getanes und oft Bereutes rituell nachholen, bin erleichtert und ruhiger. Ich weiß jetzt, dass ich nicht immer alles in jeder Sekunde richtig machen muss, dass ich letzte wichtige Worte auch dann wirksam sagen kann, wenn sie mir einfallen, dass sie trotzdem auf eine Weise ankommen – zumindest bei mir selbst.

Durch das Bewusstmachen meiner Gefühle und Reaktionen konnte ich beginnen, das Thema Sterben und Tod in mein Leben zu integrieren. Ich kann mich wieder auf meine Intuition verlassen und damit schwierige Situationen meistern, ohne zu zerfließen oder instabil zu werden.

Ich nehme das Sterben jetzt leichter, bin mutiger und experimentierfreudiger geworden.

Ich habe gelernt, letzte Lebensfragen anzusprechen und meinen Lieben von meinen eigenen Wünschen und Vorstellungen zu erzählen. Ich konnte meiner Freundin, als sie erfuhr, dass sie ein totes Kind austrägt, ruhig zur Seite stehen, ohne selbst zu verzweifeln.

Ich weiß jetzt, dass ich sterben kann, ich meine, dass ich es können werde, wenn ich an der Reihe bin.

Ich plane und grüble nicht mehr so viel – ich lebe jetzt![1]

1 Die hier zitierten Sätze stammen sowohl aus Abschlussarbeiten als auch aus Abschlussreflexionen meiner Kurse der vergangenen sieben Jahre. Ich habe die Erlaubnis, sie anonymisiert im Kontext dieses Buches wiederzugeben.

Diese Spuren machen mir Mut, Übungen, Gedanken und Wissen in Form dieses Buches nun auch anderen Menschen zur Verfügung zu stellen – so auch dir.

Ich werde im Verlauf deiner Lektüre zwischen der direkten Ansprache bei ***Übungen***, einem manchmal meditativen Schreibstil bei ***Gedanken oder Geschichten*** und einer formalisierteren Schreibweise bei Wissen schaffenden ***Erklärungen*** wechseln.

Die Assoziationen, also Gedanken-, Bild-, Gefühls-, Erlebnis-Schnipsel, die du auf der ersten Buchseite notiert hast, sind vielleicht der Grund, warum du dieses Buch überhaupt gekauft hast. Damit wendest du dich einem Thema zu, das in unserer Zeit nicht mehr so gesellschaftsfähig ist, wie das in anderen Jahrhunderten der Fall war, in denen die mangelnde medizinische Grundversorgung noch für kontinuierliche Übung im Umgang mit dem Sterben naher Menschen gesorgt hat. Diese Tatsache ist anstrengend und befreiend zugleich. Anstrengend, weil du deinen Weg, mit dem Sterben umzugehen, mehr oder weniger neu erfinden musst, und befreiend, weil du nicht in Strukturen eingezwängt bist, die dir eigene Wege erschweren.

Sterben ist das Einzige, was uns allen im Leben sicher bevorsteht. Diese Veranlagung zum Sterben und das Bewusstsein unserer Sterblichkeit machen uns als Menschen aus und verbinden uns gleichzeitig. Und auch wenn das Thema dieses Buches „Sterben üben“ lautet, ist es gerade durch den Blick auf den Tod eine Einladung dazu, dich intensiv mit deinem eigenen Leben zu beschäftigen und damit, wie du es bis heute gelebt hast und in Zukunft leben möchtest.

Was hat das eine mit dem anderen zu tun? In fast allen bewussten Sterbeprozessen, die ich begleitet habe, waren eine Art Lebensresümee und die Suche nach dem, was „jetzt“ noch getan werden kann, die Elemente im Sterbeverlauf, die am stärksten beeinflusst haben, wie zufrieden bzw. einverstanden Sterbende und Angehörige, egal welchen Alters, mit der Situation sein konnten.

Dieses Buch soll dich dabei unterstützen, die Zeit zwischen der lebensbedrohlichen Diagnose, die wir als Lebewesen auf der Erde mit unserer Geburt erhalten und die heißt: „Du wirst sterben“, und dem tatsächlichen Tod von heute an bewusster wahrzunehmen. Gelingt das, muss uns meines Erachtens der Tod zu keiner Lebenszeit in Schrecken versetzen.

Hier aber kommt die zweite Komponente ins Spiel: das bewusste Wahrnehmen.
Wie kommt es, dass wir so selten mitten im Leben einen Blick auf das Sterben werfen? Wie sind die vielfältigen und diffusen Ängste gewachsen, die uns davon abhalten, auf das Einzige, was wir im Leben sicher wissen, bewusster zuzugehen? Wovor genau haben wir eigentlich Angst?

Angst ist, nach meiner Erfahrung, fast immer ein Zeichen von Überforderung. Je größer diese Überforderung ist, desto unüberwindbarer, erschreckender und unangenehmer erscheint dasjenige, wovor wir Angst haben. Mit Studierenden habe ich mal eine kleine Sammlung der Gefühle und Glaubenssätze gemacht, die alle in unseren Ängsten vor dem Sterben und dem Umgang damit stecken. Hier ein Ausschnitt daraus: „Ich fühle mich hilflos, allein, einsam, sprachlos, machtlos, schutzlos, überschwemmt, gefesselt, unnütz, kraftlos, ich versage, ich schäme mich, ich bin schuld, wegen mir ist das passiert, ich bin unfähig, ich kann nicht trösten, ich kann nicht halten, ich kann nicht ersetzen, ich kann nicht schützen, ich weiß nichts mehr, ich falle, bin haltlos, traue mich nicht, traue mir das nicht zu …“ Logisch, dass ich mit etwas, dem zu nähern sich so unangenehm anfühlt, möglichst nichts zu tun haben möchte.

Woher aber kommen all diese Gefühle und Glaubenssätze?
Niemand von uns erlebt Sterben ungefiltert. Die meisten unserer Ängste haben wir in unserer Kindheit entwickelt. Mit Tod und Sterben verbinden wir als Kinder oft Situationen, mit denen unsere Eltern oder andere Personen, die uns sonst Halt und Sicherheit gegeben haben, überfordert waren. Viele von uns haben Mutter oder Vater bei einem nahen Todesfall das erste Mal weinen sehen, vielleicht konnten sie sich nicht beruhigen. Wir haben unangenehme Atmosphären gespürt, auf Trauerfeiern oder wenn wir nicht mit zu Beerdigungen durften, wenn ein Mensch, der sonst immer da war, plötzlich fehlte und wir die Erklärung nicht begreifen, nicht anfassen, nicht spüren konnten. Oft war kein Raum da für Fragen. In unserem kindlichen Universum haben wir eigene Erklärungen für alles gefunden, die wir manchmal bis heute als unbewusste Glaubenssätze mit uns herumtragen und die unentdeckt weiterwirken.

Mit dem Entdecken und Ergründen unserer Ängste und ihrer Herkunft beginnt die Forschungsreise in diesem Buch. Nimm dir am besten ein schönes Heft, in das du während des Lesens und vor allem bei den Übungen Notizen machen kannst.
Du kannst dein Inneres allein bereisen und dabei immer genauso weit schauen, wie du es jetzt gerade vertragen kannst. Es ist aber auch eine gute Möglichkeit, die Übungen einzeln zu zweit z. B. mit Freund:in oder Partner:in oder einzeln zu dritt mit einem Kreis Gleichgesinnter zu machen. In diesem Fall führt ihr die Übungen jede:r für sich durch und unterhaltet euch im Anschluss über die Dinge, die euch zu teilen wichtig sind.

Vor dem eigentlichen Beginn der Selbstreflexion möchte ich in einer Art Einleitung ein kleines Resümee ziehen aus Erfahrungen, die ich in den letzten zehn Jahren in der Sterbe- und Trauerbegleitung gesammelt habe, und damit den Zusammenhang von Sterben und Leben noch einmal intensiver in den Blick nehmen. Wenn dir das hier Gelesene schon genug an Einleitung ist, kannst du sie getrost überspringen und mit dem ersten Kapitel beginnen.

Weil diese Art von Arbeit auch im professionellen Bereich sehr nahe Begegnungen ermöglicht, geben mir Menschen in oder nach der Begleitung manchmal Worte von ihren Sterbenden oder Verstorbenen mit oder schreiben mir im Nachhinein selbst. Aus diesen Wort- und Schriftspuren sowie aus den Abschlussarbeiten meiner Kursteilnehmenden sind die ins Buch eingefügten Zitate und Bilder, die weiterzugeben mir erlaubt ist.

Mein besonderer Dank gilt an dieser Stelle meiner eigenen Ausbilderin in der Trauerbegleitung, Petra Hugo, deren Übungen mich vor Jahren so inspiriert haben, dass ich einige davon verwandelt oder unverwandelt bis heute in meine Arbeit integriere. Dass ich diese hier abdrucken darf, ist ihr Geschenk an eure Selbsterkundungsreise.

Guten Weg!

Sabine Rachl
im Juli 2023

... eigentlich ist Sterben wie ... wie fliegen lernen ...

„... du kriegst so eine Diagnose mitten in dein gut funktionierendes und nach vielerlei Maßstäben erfolgreiches und reiches Leben hinein und die erste Zeit bist du damit beschäftigt, dir klar zu machen, dass das nicht wahr sein kann, dass es einen Ausweg geben wird, dass es immer einen Ausweg gegeben hat, dass du zu den 0,5 Prozent gehören wirst, die nach zwei Jahren noch leben, und dann wieder zu den 0,5 Prozent von denen, die nach 5 Jahren noch leben ... du hast es bislang immer geschafft ... alles ... naja, fast alles ...

... die ersten Zweifel sind leise, werden lauter mit jeder Chemo, fallen wie Tränen mit den ausfallenden Haaren, schreien hin und wieder in epileptischem Krampfrhythmus, versinken dann in Sprachlosigkeit ... und irgendwann fühlst du, dass du fällst, dass du einfach nur fällst ... in einen Abgrund hinein von enormer Tiefe, bodenlos, grundlos ... nichts kann dich halten und du selbst hältst längst nichts mehr ... du fällst mit enormer Geschwindigkeit ... nach Wut und Verzweiflung und Schmerz fällst du zuletzt durch die Angst hindurch wie durch eine schwarze Wolke ... fällst und fällst ...

und an irgendeinem Punkt dieses Falls – der unumkehrbar ist, du hast keine Chance, ihn zu stoppen, nicht du selbst und niemand anders – an einem Punkt, der sich anfühlt, als wäre er kurz vor dem Aufprall, vor dem Zerschmettern, vor der letzten Zerstörung, am äußersten Rand deiner Angst, an diesem Punkt gibst du es auf, dich zu wehren, gibst du einfach auf, gibst du dich auf in den Fall hinein ... und sagst Ja zu diesem Fallen ... vielleicht nicht du, vielleicht eher etwas in dir ... und es ist auch kein Wort, dieses Ja, es ist mehr, als würdest du im allerletzten Augenblick Flügel öffnen, von denen du bis grade nicht wusstest, dass du sie hast ... diese Flügel bremsen den Fall ... eigentlich stimmt das so nicht, denn sie stemmen sich nichts entgegen und halten auch nichts, nicht mal deinen Körper ... aber sie sind da und du mit ihnen in einer Schwebe, die sich lebendiger anfühlt als alles, was du jemals in deinem Leben gefühlt hast ... schwerelos ... gedankenlos ... frei ... ... du hattest keine Wahl ... du hast alles losgelassen, du hast dich losgelassen und jetzt fühlst du dich intensiver als jemals zuvor ... welch ein Glück ... welche Leichtigkeit ... Umwertung aller Werte ... du, nackt und bloß und abgemagert bis auf die Knochen, ohne den geringsten Schmuck einer Feder, welcher Art auch immer ... einfach nur du pur und ganz ... welch ein Glück ... und du spürst deine Flügel und fliegst durch das Nichts und es fühlt sich freundlich an und richtig und gut und ... außerhalb jeder Logik ... lebendig ...

... sterben ist wie ... wie fliegen lernen in diesem Sinne ... mach dir keine Sorgen um mich, ich bin lange genug gefallen, jetzt fliege ich ... ich werde die letzten Atemzüge durchsegeln in diese innerste Lebendigkeit hinein, die meine ureigenste ist, das spüre ich, der war ich im Leben manchmal auf der Spur, bin ihr aber nie wirklich gefolgt ... ich bin glücklich, ich bin ich, ich bin ganz ... eine kleine Abschiedsträne weine ich meinem Leben nach ... alles ist gut ... aber wenn ich gelebt hätte, wie ich nun sterbe ... wer hätte ich sein können?"

FREUND MIT HIRNTUMOR IN EINEM BRIEF AN SEINE FRAU
ZWEI WOCHEN VOR SEINEM TOD MIT 56 JAHREN

Einleitung: Was hat das Sterben mit dem Leben zu tun?

Erfahrungen einer Sterbe- und Trauerbegleiterin

Auf unseren Palliativstationen, in unseren Hospizen und überall in unserem Land sterben Menschen unterschiedlichster Kulturen, Nationalitäten und Religionen: streng gläubige, liberal gläubige, frei spirituell denkende, gar nicht spirituell empfindende Menschen, Christ:innen, Muslim:innen, Jüdinnen und Juden, Alevit:innen, Sikhs, Hindus, Buddhist:innen, Bahá'i genauso wie keiner Glaubensgemeinschaft Angehörende. Mein Erleben ist es, dass nicht zuerst die Zugehörigkeit zu einer Religion, oft nicht einmal die Offenheit gegenüber spirituellen Wegen das entscheidende Element auf dem Weg zu einem individuell stimmigen Sterben ist, sondern vor allem anderen das Maß, in dem der Tod anwesend sein darf und von allen Beteiligten „gewusst" wird als nun bald zu erwartendes Ereignis, auf das sie sich gemeinsam einstellen.

Diese „Anwesenheit" äußert sich dann kultur- und religionsspezifisch sehr unterschiedlich.

Sterbewege – eingebunden in ein festes Ritualverständnis

Hier lassen sich, nach meiner Erfahrung, Vergleiche quer durch die Religionsgemeinschaften eher nach den Kriterien der Konservativität oder Liberalität der Glaubenseinstellung der Beteiligten als nach der Zugehörigkeit zu einer bestimmten Gemeinschaft anstellen. Strenggläubigen Menschen jenseitsbezogener Religionsgemeinschaften geht es oft darum, sich in bestimmten vorgeschriebenen Ritualen auf das Sterben vorzubereiten und nach dem Tod auf ganz bestimmte vorgeschriebene Weise Abschied zu nehmen. Das kann manchmal die Individualität eines Sterbe- oder Abschiedsprozesses in den Hintergrund rücken, bildet aber meist für alle Beteiligten einen sicheren Rahmen in unsicherer Situation. Auch wenn persönliche Anliegen hier oft unausgesprochen bleiben und letzte Wünsche manchmal keinen wirklichen Ort haben, wissen sowohl die Sterbenden als auch die sie umgebenden Menschen um den Ernst und die Würde der Situation, nehmen sie und sich sehr bewusst wahr, lassen auch die Kinder in ihre Ritualwelt hineinwachsen und schaffen so für die Sterbenden wie für sich selbst als angemessen empfundene Übergangsräume. Das Sterben findet in einer Art festen Ordnung statt, die manchmal lebensverlängernde Maßnahmen, früher als medizinisch von manchen Ärzt:innen gewünscht, stoppt und den Vorgang des Abschiednehmens in den Mittelpunkt rückt. Das kann in selteneren Fällen zu persönlichen Dramen führen, besonders dann, wenn nicht alle Angehörigen in gleichem Maße der Glaubensordnung trauen. In den meisten mir bekannten Fällen führt es aber zu in sich runden, abgeschlossenen Sterbe- und Übergangserfahrungen, die die beteiligten Trauernden im Anschluss bald wieder zum gesellschaftlichen Weiterleben befähigen.

Sterbewege neu erfinden

Für liberal Glaubende, frei spirituelle und auch für gar nicht spirituell ausgerichtete Menschen geht es nach meinem Erleben stärker darum, individualisierte Sterbe- und Abschiedswege miteinander zu entwickeln. Sie haben oft gemeinsam, dass sie als Kinder und Jugendliche in keinen festen Umgangsrahmen mit dem Tod hineingewachsen sind. Es steht ihnen also kein geübtes Verhaltensrepertoire zur Verfügung. Sie kommen in ihrem Leben meist nur an Eckpunkten wie Hochzeiten, Taufen und Beerdigungen mit religiösen Riten in Berührung und nehmen diese eher als gesellschaftliche denn als spirituelle Erlebnisräume wahr. Sie müssen also den Weg, der mit einer stark lebensverkürzenden Diagnose für sie selbst oder für einen nahen Angehörigen beginnt, in gewisser Weise neu erfinden.

Diese Erfindungsprozesse finden nicht in einem Vakuum, sondern in ihrem vertrauten sozialen Gefüge statt und verändern dieses in vielen Fällen nachhaltig. Ein Sich-Einlassen auf diesen neuen Weg beginnt meist mit der Frage: Was ist jetzt, angesichts der Kürze der Zeit, die wir noch (miteinander) haben, wesentlich?

Letztlich ist das die entscheidende Frage. Wenn sie vor und von allen an einem Sterbeprozess Beteiligten offen gestellt wird, kann sie Begegnungstiefen ermöglichen und Wachstumsprozesse anstoßen, wie es sie sonst im alltäglichen Fluss des Lebens selten gibt. Aus dieser Frage heraus können Angehörige manchmal nach dem Tod des geliebten Menschen auch in die grundsätzliche Frage hineinwachsen: Was ist in meinem Leben überhaupt wesentlich? Worauf kommt es mir wirklich an? Wie habe ich bisher gelebt und wie möchte ich „eigentlich" leben? Nicht selten wächst aus diesen Fragen der Mut zu grundlegenden Veränderungen des eigenen Lebens, die meist auf der im Sterbeprozess erlebten inneren Vertiefung und Konzentration auf das Wesentliche aufbauen.

Das Eigene finden

„Der Tod ist die beste Erfindung des Lebens. Er ist der Motor des Wandels." Mit diesem Satz aus einer viel beachteten Rede wird Steve Jobs, der Begründer von Apple, oft zitiert. In dieser Rede geht es im Anschluss vor allem darum, im Leben das wirklich Eigene zu finden, Abschied zu nehmen von allem, was von einem erwartet oder über einen gesagt wird und nur noch auf das Wesentliche zu schauen. Jobs weiter: „Die Erkenntnis des Todes ist der beste Weg, den ich kenne, um sich vor Verlustängsten zu schützen. Sie sind bereits nackt. Es gibt keinen Grund, nicht Ihrem Herzen zu folgen."

Was hier ein wenig amerikanisch plakativ daherkommt, ist im Regelfall nicht das Ergebnis eines Denkprozesses, sondern das Resultat dessen, was die wirkliche Begegnung mit dem eigenen nahen Tod auslösen kann. Steve Jobs hatte ein Jahr vor dieser Rede einen Tag lang aufgrund ärztlicher Vorhersage geglaubt, relativ zeitnah sterben zu müssen. Er bezieht sich in seiner Rede auf das Erleben dieses Tages.

Im Eingangszitat dieser Gedanken wird eine solche Erfahrung von einem Menschen, der wirklich zeitnah sterben musste, in Worte zu fassen versucht. – Wenn man die staunend beschreibenden Worte noch einmal liest und einen vergleichend theologischen Hintergrund hat, wird einem auffallen, dass sie den Urworten der Mystiker vieler Religionen und philosophischen Schulen im Tiefsten gleichen. Daraus wird sichtbar, dass die hier beschriebene Erfahrung zu den im Grundsatz überkulturellen und interreligiösen (im Sinne von in jeder Religion auf unterschiedliche Weise beschriebenen und so innerhalb und außerhalb jeden Religionsverständnisses erfahrbaren) Urerfahrungen des Menschseins gehört.

Der bewusste Weg zum eigenen Sterben oder ein wirklich nah erlebter Tod kann an die Wirkung lebenslanger Gebets- und Meditationspraxis heranreichen, an das Erkennen, dass ich gerade dann, wenn ich alles loslasse, was ich auf dieser Welt bin und habe, in einer Weise Person werde, wie es mir vor diesem Schritt unvorstellbar war. Diese Art von „Aufgabe" des Ich, von Erkennen und Durchfühlen, dass das Leben selbst nicht in meinen Händen liegt, dass ich es weder kontrollieren noch in irgendeiner Weise festhalten noch mich an ihm festhalten, sondern es einfach nur leben kann, jeden Augenblick, jetzt, mit aller Aufmerksamkeit und Intensität, diese Erfahrung kann eine ungeheure Kraft zu gelebter Einzigartigkeit, zu innerem Wachstum, zur eigentlichen Personwerdung freisetzen. Nicht umsonst kommt unser Begriff „Person" von personare, lateinisch: „durchklingen", „durchtönen".

Sterben verändert Leben

Nach einer intensiven Begegnung mit dem Tod kann das Leben selbst manchmal in anderer Weise durch uns hindurchklingen. In einer Weise, die uns frei(er) werden lässt von Ängsten, von äußeren Beurteilungen, Meinungen, Gepflogenheiten und Wert-Schätzungen. In einer Weise, die unseren Blick verändern und schärfen kann für das (Un-)Gleichgewicht des Lebens, das uns umgibt. Nach oder in einer solchen Begegnung kann sich im wörtlichen Sinne unser Ton uns selbst, unseren Nächsten und dem Leben gegenüber verändern.

Vielen Menschen bin ich begegnet, die durch die Erfahrung des eigenen Sterbens oder des Sterbens und Todes naher Angehöriger tiefer als vorher ihren eigenen Klang gefunden haben und deshalb dem Leben gegenüber einen anderen Ton anschlagen. Sie haben viele Ängste hinter sich gelassen. Sie sind freundlicher geworden, gütiger und großzügiger mit allem, was sie umgibt, aber genauso entschiedener und klarer und eindeutiger in dem, was sie ablehnen, weil sie es als dem wirklichen Leben nicht angemessen empfinden. Und sie beginnen nicht selten, nachdem sie das Geschehene für sich verarbeitet haben, ihr Leben nachhaltig zu verändern, was oft auch einschließt, ihr mit dem Sterbeprozess erworbenes Lebenswissen der Gesellschaft in anderer Weise zur Verfügung zu stellen, als sie es vor diesen Erfahrungen getan haben.

Wenn ich sehe, wie viele Kräfte die eben beschriebenen Erfahrungen in manchen Menschen freisetzen können und wie viele von ihnen diese Kräfte in unterschiedlichster Weise der Gesellschaft zurückgeben, dann frage ich mich, was passieren würde, wenn noch viel mehr Menschen ihre Todes- und Sterbensängste, die hier im westlichen Europa häufig Verlustängste sind, hinter sich lassen würden und sich dem zuwenden könnten, was wirklich wesentlich ist. Könnte die bewusste und offene Begegnung mit dem jedes Leben betreffenden Tod, wenn sie schon früh im Leben beginnt, die Wertestruktur unserer Gesellschaft, unsere Lebensart und unsere Lebensziele vielleicht wirklich nachhaltig verändern?

Und wenn ja, wie könnte es gelingen, einen solchen Wandel anzustoßen? Könnte die überkulturelle und interreligiöse „Natur" solcher Begegnungen mit dem Tod eine vertiefte Bewusstheit des Menschseins an sich unterstützen? Eine Bewusstheit, die es uns leichter macht, angesichts der immer durchlässiger werdenden Grenzen, der zu integrierenden Menschen unterschiedlichster Kulturen, Ängste zu überwinden, Vertrauen zu wagen, neue Modelle des Miteinander-Lebens und der Ressourcenteilung zu entwickeln? Kann die Begegnung mit dem Tod uns politisieren und individuell folgenreich öffnen für den uralten Gedanken der *einen* Welt mit begrenzten Ressourcen, die anders verteilt werden müssen, wenn alle leben wollen?

Damit das nicht nur Träume bleiben, sondern vielleicht erste Schritte zur Veränderung von Wirklichkeiten, möchte ich dich einladen, beim Lesen dieses Buches, beim Dich-Vertiefen in die Übungen, offen zu sein für das, was uns Menschen im Innersten möglich ist und wie wir mit diesen Möglichkeiten zumindest unsere kleinen Welten verändern können, möchte ich dich bitten, diese Fragen im Herzen zu behalten und sie mitzunehmen in dein eigenes Leben, Sterben, Trauern und Begleiten.

1 Den Ängsten auf der Spur …

Übung:
Welche Ängste habe ich in Bezug auf Sterben und Tod?

Mit Studierenden verschiedenen Alters habe ich die Angst vor dem Tod näher aufgeschlüsselt und wir haben unterschiedliche Komponenten dieser Angst in Worte zu fassen versucht. Daraus ist eine lange Liste entstanden, die wir später geordnet haben.
Wenn du möchtest, kannst du jetzt, zu Beginn des hier im Buch angestoßenen Forschungsprozesses markieren, welche dieser Ängste du für dich selbst auch spürst. Du kannst auch noch Ängste hinzufügen, die wir vergessen haben.
Ganz am Schluss, wenn du alle Übungen gemacht und dich vielleicht darüber ausgetauscht und dieses Buch gelesen hast, kannst du dir diese Liste noch einmal anschauen und nachspüren, ob sich etwas und wenn ja, was sich in dir verändert hat.

Ängste, die ich habe, wenn ein mir naher Mensch stirbt:

1. Meine Ängste in Bezug auf mich selbst:

Ich habe Angst,

- ihn/sie zu verlieren. ○
- sie/ihn zu vermissen. ○
- die Sicherheit, die sie/er mir im Leben gibt, zu verlieren. ○
- dass ich allein bin. ○
- einsam zu sein. ○
- dass ich nie mehr jemanden finde, die/der mir so nah ist. ○
- allein für alles verantwortlich zu sein. ○
- dass sich meine Position in der Familie verändert. ○
- mein Leben ohne sie/ihn nicht zu schaffen. ○
- dass ich nicht mehr leben will. ○
- dass ich mich und vieles um mich herum neu organisieren muss. ○
- dass das Geld nicht reicht. ○
- dass ich/wir nicht zu Hause wohnen bleiben kann/können. ○
- dass sich nichts mehr wie früher anfühlt. ○
- dass ich keinen Kontakt mehr zu dem geliebten Menschen haben werde. ○
- dass ich ihn/sie nicht mehr spüren kann. ○
- dass ich am Schluss nicht weiß, was zu tun ist. ○
- dass ich nicht weiß, wie ich mich ihm/ihr gegenüber verhalten soll. ○
- dass unsere Beziehung sich verändert. ○
- dass ich vor ihm/ihr nicht aussprechen kann, was ich fühle. ○
- dass ich nicht weiterleben möchte ohne sie/ihn. ○
- dass ich es nicht schaffe, bis zum Schluss da zu sein. ○
- zu weinen, wenn er/sie es mitbekommt. ○
- dass ich mich nicht genug einfühlen kann. ○
- dass ich nicht trösten kann. ○
- dass ich unsicher bin. ○

dass ich es nicht schaffe, ihn/sie so leiden zu sehen. ○

mit ihr/ihm über die Erkrankung zu sprechen. ○

vor ihren/seinen Fragen, dass ich nicht weiß, was ich antworten soll. ○

vor ihm/ihr die Möglichkeit zu sterben anzusprechen. ○

mit ihr/ihm über die Möglichkeit, zu sterben, zu sprechen, weil er/sie dadurch vielleicht wirklich stirbt (self fulfilling prophecy). ○

mit ihr/ihm über Vorstellungen vom Sterben zu sprechen. ○

mit ihm/ihr über Vorstellungen von einem Leben nach dem Tod zu sprechen. ○

ihn/sie zu fragen, wie er/sie sich zu sterben wünscht. ○

mit ihm/ihr über Angelegenheiten/Wünsche nach seinem/ihrem Tod zu sprechen, z. B. Beerdigung oder Verbrennung, Trauerfeier, Friedhof oder Friedwald oder Ähnliches. ○

zuzulassen, dass andere Menschen ihm/ihr nah sind. ○

dass ich nicht weiß, was für (die) Kinder gut ist. ○

die richtige Nähe/den richtigen Abstand für (die) Kinder zu finden. ○

mit den Kindern darüber zu sprechen, dass ihr Vater/ihre Mutter/ ihre Oma/ihr Opa/ein naher Mensch sterben könnte. ○

dass ich es nicht schaffe, ihn/sie zu Hause zu pflegen. ○

vor der Atmosphäre im Krankenhaus. ○

vor den Ärzten, die selten wirklich Zeit haben, und dass ich mich nicht traue, die Fragen zu stellen, die ich habe. ○

dass der Tod plötzlich kommt und ich mich nicht richtig verabschieden kann. ○

dass ich nicht weiß, wie ich mich zwischen der Begleitung und meinem sonstigen Leben „aufteilen" kann. ○

dass ich kein eigenes Leben mehr habe. ○

dass ich meine Liebsten nicht schützen kann. ○

dass ich kein Vater, keine Mutter mehr bin, wenn mein Kind stirbt. ○

dass ich meinen anderen Kindern nicht gerecht werde, während das Geschwisterkind stirbt. ○

dass nichts mehr ist, wie es war. ○

dass meine Trauer über den Verlust mich daran hindert, für andere da zu sein. ○

dass ich nicht mehr weiß, wer ich bin und wofür ich lebe. ◯

dass ich mich, obwohl der Mensch mir so nahe ist, vor manchen Zeichen der Krankheit ekele. ◯

dass ich mich schlecht fühle, wenn ich mich ekele. ◯

mir Unterstützung zu holen, weil ich nicht weiß, wie. ◯

mir Unterstützung zu holen, weil ich es allein schaffen möchte. ◯

dass ich den richtigen Abstand für mich nicht finde. ◯

dass ich den richtigen Abstand für sie/ihn nicht finde. ◯

dass ich nicht alle Wünsche erfüllen kann. ◯

erleichtert zu sein, wenn er/sie gestorben ist und ich wieder mehr Zeit für mich habe. ◯

sie/ihn tot zu sehen. ◯

sie/ihn zu berühren, wenn sie/er verstorben ist. ◯

mich schlecht zu fühlen, wenn ich nicht bis zum Schluss bleiben kann. ◯

mich schlecht zu fühlen, wenn ich sie/ihn nicht tot sehen möchte. ◯

mich schlecht zu fühlen, wenn ich ihn/sie nicht berühren kann. ◯

vor Schuldgefühlen, die mich verfolgen, wenn ich etwas nicht gut schaffe. ◯

gar nicht zu wissen, was „gut“ und „richtig“ in diesem Zusammenhang überhaupt ist. ◯

dass ich Schuldgefühle habe, dass ich noch lebe und dass ich froh darüber bin. ◯

dass niemand in meinem Freundeskreis wirklich nachvollziehen kann, was ich erlebe. ◯

____

____

____

____

____

____

2. Meine Ängste in Bezug auf die Sterbende oder den Sterbenden

Ich habe Angst, dass sie oder er

- Angst hat und niemand trösten kann. ○
- Schmerzen hat, die nicht zu lindern sind. ○
- sich allein fühlt. ○
- sich hilflos fühlt. ○
- sich unwohl in seinem/ihrem Körper fühlt. ○
- nur noch müde ist. ○
- stark leiden muss. ○
- nicht mehr gerne lebt. ○
- es mir/uns nur recht machen möchte und wirkliche Gefühle nicht zeigt. ○
- überfordert ist mit der Erkrankung. ○
- überfordert ist von den anstehenden Entscheidungen. ○
- sich selbst das Leben nimmt. ○
- nicht mehr alles tun kann, was sie/er im Leben noch tun möchte. ○
- uns seine Angst nicht zumuten möchte/kann. ○
- sich stark verändert. ○
- anstehende Konflikte nicht mehr lösen kann. ○
- sich nicht mehr versöhnen kann mit Menschen, die ihm wichtig sind. ○
- seine/ihre Belange nicht mehr regeln kann. ○

Ängste, die ich habe, wenn ich selbst sterbe:

Ich habe Angst,

- vor dem Nichts. ○
- vor meinen Vorstellungen, was nach dem Tod kommt. ○
- dass ich nicht weiß, wo ich hingehe und wie sich das anfühlt. ○
- vor der Auflösung meines Ichs. ○
- vor dem Zurücklassen meines Körpers. ○
- vor dem eigentlichen Sterben. ○
- vor den Schmerzen. ○
- vor den körperlichen Folgen der Krankheit. ○
- vor der Schwäche, körperlich und psychisch. ○
- meine Selbstständigkeit zu verlieren. ○
- die Kontrolle über meine Körperfunktionen zu verlieren. ○
- vor den Entscheidungen, die ich treffen muss, dass ich sie in ihrer Tragweite nicht überschauen kann. ○
- vor den Problemen, die ich lösen muss. ○
- davor, dass ich gar nicht fühle, was ich will, weil die Wünsche der Menschen um mich herum so stark sind. ○
- dass ich nicht mehr genug Zeit habe, um Wichtiges zu regeln. ○
- dass ich so abhängig von Menschen bin, die ich nicht kenne. ○
- dass ich so abhängig von mir nahen Menschen bin, für die ich sonst immer stark war. ○
- dass sich die Rollen innerhalb der Familie verändern. ○
- dass ich nicht sinnvoll genug gelebt habe. ○
- dass ich vieles, was ich bin, in meinem Leben gar nicht gezeigt habe. ○
- dass ich mit meinem Leben gescheitert bin. ○
- dass ich nicht genug geliebt und gelebt habe. ○
- dass ich wichtige Konflikte nicht gelöst habe. ○
- dass ich nicht genug für meine lieben Menschen da war. ○

- dass ich meine Lieben alleinlasse. ○
- dass meine Lieben ohne mich nicht mehr genug Auskommen haben. ○
- dass meine Partnerin/mein Partner jetzt allein für die Kinder da sein muss. ○
- dass ich meine Kinder nicht mehr erwachsen werden sehe. ○
- dass ich nicht mehr für meine lieben Menschen da sein kann. ○
- dass das Leben ohne mich für meine Lieben viel schwerer wird. ○
- dass ich bald „ersetzt“ werden könnte. ○
- dass ich nicht weiß, was kommt, und keinen Einfluss darauf habe. ○

✎ ____

Wissen:
Zum Zusammenhang von Angst und Kommunikation

Was das Zulassen der „Anwesenheit" des Todes in unserem Leben am nachhaltigsten verhindert, ist unsere Angst. Diese Angst besteht eigentlich aus einer Vielzahl unterschiedlichster Ängste, über die zwar viel geforscht wird, die wir aber im täglichen Leben wenig in den Blick nehmen. Deshalb beginne ich mit einigen Gedanken und alltagsgebrauchsfähigen wissenschaftlichen Erkenntnissen zu Ursprung und Grund unserer Ängste in Bezug auf den Tod.

Woher kommt unsere Angst vor dem Tod und wie können wir ihr begegnen?

Es gibt nur wenige Menschen, die von sich sagen, dass sie keine Angst vor dem Tod haben. Die grundsätzliche Angst vor dem, das alles auslöscht, was wir sind und kennen, gehört genauso existenziell zum Menschsein wie das Sterben selbst. Allerdings wachsen oder minimieren sich auch unsere Ängste meist mit den Erfahrungen, die wir seit unserer Kindheit mit dem Sterben gemacht haben. Wenn wir als Einzelne einmal wirklich genau hinsehen möchten, wo unsere eigenen Todes- oder Sterbensängste herkommen, dann lohnt es sich also, rückwärts in unser eigenes Leben hineinzuschauen. Im zweiten und dritten Kapitel dieses Buches möchte ich Übungen vorstellen, mit deren Hilfe jede:r, der/die sich die Zeit nehmen möchte, seine/ihre eigene Biografie einmal in Bezug auf Todes- und Sterbeerfahrungen erforschen kann. Auf der Grundlage des dabei erworbenen Selbst-Bewusstseins lässt sich die eigene Haltung dem Tod und dem Sterben gegenüber oft besser verstehen und manchmal sogar verändern.

Wozu führt unsere Angst vor Tod und Sterben?

Bevor ich aufzeige, woher unsere Ängste vor Tod und Sterben vermutlich kommen, möchte ich darstellen, wohin sie in der unmittelbaren Sterbesituation führen können. Gian Domenico Borasio, einer der führenden Palliativmediziner unserer Zeit, schreibt über diese Ängste:

„Angst ist die unausgesprochene Überschrift über viele hitzig geführte Debatten über das Lebensende; sie ist das, was bei Arzt-Patienten-Gesprächen über lebensbedrohliche Erkrankungen unausgesprochen im Raum steht und so oft geflissentlich übersehen wird; sie ist das größte Hindernis für die Kommunikation über und im Sterben; und sie ist (…) der Hauptgrund für Fehlentscheidungen und leidvolle Sterbeverläufe. Denn Angst verzerrt die Wahrnehmung, vermeidet die Information und verhindert den Dialog. Diese drei Voraussetzungen sind aber zentral für eine gute Vorbereitung auf das eigene Lebensende. Und die Menschen, die wir am Lebensende betreuen dürfen, lehren uns, dass die Vorbereitung auf das Sterben die beste Vorbereitung für das Leben ist."[2]

Wo Dialoge über die Sterbesituation nicht möglich sind, und seien es auch nur kleine Zeichen, die ein Bescheid-Wissen signalisieren, darf der Tod nicht anwesend sein. Gemeinsame Entscheidungen über Behandlungsabläufe oder deren Abbruch werden erschwert, ein vorsichtiges Sprechen über noch zu Regelndes wird unmöglich. Die Sterbenden und die Angehörigen tauschen ihre unterschiedlichen Ängste nicht aus und bleiben so in und mit ihnen allein. Die enge Verzahnung der Angst der Sterbenden mit der Angst der Angehörigen wird ohnehin oft außer Acht gelassen. Meist ist diese Angst verbunden mit einer Scheu von beiden Seiten, offen über das Sterben zu sprechen. Diese Scheu ist Ausdruck von Sorge umeinander und von Hilflosigkeit. Sie führt zur Ver-

2 Borasio, 2013, 9–10

einsamung des Sterbenden und zur Vereinsamung der Angehörigen.

Einige Facetten dieses Zusammenhangs zeigt ein kleines Schaubild:

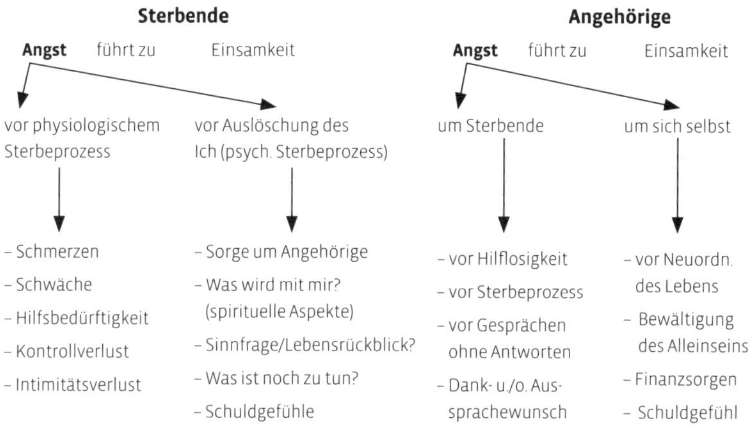

Angst führt zu Sprachlosigkeit und Sprachlosigkeit macht einsam. Diese gefühlte Vereinsamung ist häufig depressionsauslösend und verhindert so oftmals die Verbindung und gegenseitige Stärkung des sichernden Systems für sich selbst und für die Sterbenden. Durch die durchgängig zu hohe Cortisolausschüttung, die Angst und Stress auslösen, wird das körperliche System der Beteiligten in einer Daueranspannung gehalten (Heim 2000). Diese Anspannung erschwert den Rückgriff auf eigene Ressourcen und damit die Nutzung der Fähigkeit zur Selbstregulation. Angehörige wie Sterbende fühlen sich ihren eigenen Emotionen hilflos ausgeliefert und können oft nicht einmal mehr auf Strategien zurückgreifen, mit denen sie sonst im Leben schwierige Situationen bewältigen, weil sie nicht offen an- und aussprechen, dass es sich um eine für alle Beteiligten lebensbedrohliche Situation handelt. Das Leben des Sterbenden ist unmittelbar bedroht und das Leben der Angehörigen mittelbar, durch den Zwang zur Neuordnung ihres eigenen Lebens während der Sterbephase und im Anschluss an sie.

Erkenntnisse aus der Trauerforschung machen außerdem deutlich, dass bei den meisten Hinterbliebenen eine Korrelation besteht zwischen dem Selbsterleben in der Sterbephase und dem mehr oder weniger schwer verlaufenden Trauerprozess. Je selbstwirksamer sich Angehörige als Sterbebegleitende gefühlt haben, je mehr sie die Sterbenden unterstützen konnten, mit ihnen sprechen, Ungeklärtes klären und sich gut verabschieden konnten, desto leichter wird meist die Trauerphase (Müller 2006). Schuldgefühle sowie Depressionsgeschehen treten vermehrt dort auf, wo die aktive und damit zufriedenstellende Gestaltung des Abschieds nicht oder für das je subjektive Empfinden nicht ausreichend wahrgenommen werden konnte (Kast 2012). Diese Erkenntnisse gelten nicht nur für die Hauptpflegenden, sondern für das gesamte weiterlebende Angehörigensystem. Je tiefer alle involviert waren und ihren Beitrag geleistet haben, desto weniger Schuldzuweisungen, Zerwürfnisse, Kommunikationsstörungen gibt es in der Folge (Müller 2006), desto mehr Stützendes, Wesentliches, Wertvolles bleibt für alle.

Wissen: Zur Unterscheidung von Todesangst und Sterbensängsten

Angst ist ein urmenschliches Phänomen, mit dem wir Gefahren, d.h. nicht Bekanntem, Fremdem in uns und außerhalb unser selbst begegnen und das grundsätzlich positiv bzw. neutral zu bewerten ist, da es uns hilft, unser Leben zu erhalten und uns zu verändern. Da allerdings, wo dieses Leben nicht mehr länger „erhaltbar" ist, verliert diese Angst ihren evolutionären Schutz-Zweck und verhindert manchmal die Auseinandersetzung mit uns selbst und unserer Situation. Viel ist schon gewonnen, wenn wir die grundsätzliche Todesangst von der eigentlichen Sterbensangst zu unterscheiden lernen.

Die **Todesangst** beschäftigt sich mit allem, was die „Beschädigung bzw. Auslöschung des Ich" und des bekannten Lebensgefühls mit sich bringt.
Sie beinhaltet vor allem die

- Angst vor Bewusstseins- und Kontrollverlust;
- Angst vor Allein- oder Getrenntsein;
- Angst vor dem Unbekannten;
- Angst vor dem leidvollen Schicksal der (von einem abhängigen) Überlebenden

und die

- Angst vor Versagen oder versagt zu haben, bzw. vor einem nicht sinnvoll (genug) gelebten Leben etc.[3]

Diese Ängste hängen eng mit den Lebensängsten eines Menschen zusammen und der Umgang mit ihnen mit seinen im Leben er-

3 Heinze (2005), S. 124.

worbenen Bewältigungsstrategien. Je intensiver sich Menschen bereits in ihrem Leben diesen Ängsten zugewendet und den Umgang mit ihnen erlernt haben, desto weniger Todesängste nehmen sie mit in ihr eigenes Sterben.

Die meisten dieser Ängste stammen aus sogenannten „Entwicklungstraumata“[4].

Diese entstehen, wenn wir als Kinder nicht bekommen, was wir für eine gesunde Entwicklung bzw. Entfaltung brauchen. Wenn uns z. B. Sicherheit und eine dauerhafte emotionale Verbundenheit fehlen, entwickeln wir oft Ängste bezüglich des Allein- und Getrenntseins, die wir mit ins Erwachsenenalter nehmen. Fehlen uns Mitgefühl und Beruhigung bei starken emotionalen Ausschlägen, die wir als Kleinkind nicht selbst bewältigen können, können wir meist kein ausgeglichenes Nervensystem entwickeln und es ist wahrscheinlich, dass wir als Erwachsene Schwierigkeiten haben, uns selbst zu regulieren.

Als Kinder brauchen wir außerdem ein Verständnis der eigenen Autonomie, d. h. die Erfahrung, dass wir auf Dinge und Menschen Einfluss haben. Wenn wir uns z. B. wehtun und zu weinen anfangen, brauchen wir jemanden, der dieses Weinen hört, kommt und uns tröstet. Wenn wir diese Gefühle nicht fühlen können und andere sie nicht wahrnehmen, empfinden wir uns selbst als unwichtig und ohnmächtig. Das fühlt sich nicht gut an und so kann es sein, dass wir als Erwachsene versuchen, so viel wie möglich in unserem Umfeld zu kontrollieren, damit sich dieses Gefühl nicht wiederholt. So entstehen unsere Ängste vor Bewusstseins- und Kontrollverlust. Weiterhin brauchen wir als Kinder Räume für Experimente, wir wollen unsere Welt erforschen, sind spontan und neugierig. Was wir entdecken, will gesehen und anerkannt sein. Gibt es diese Räume des freien Entdeckens und

4 Ich verwende den Begriff im Sinne von Heller, LaPierre (2013).

der Anerkennung und Mitfreude in unserem kindlichen Leben nicht oder nur sehr begrenzt, können wir uns unfähig und nutzlos fühlen. In leistungsorientierten Familien tauschen wir die freie Entdeckerlust wenn möglich durch ein hohes schulisches Leistungsvermögen aus, das wiederum von Erziehenden wahrgenommen und meist positiv bewertet wird. Ein solcher Weg kann aber Auslöser für tiefe Versagensängste bei Erwachsenen sein, bedingt durch den inneren Glaubenssatz: „Wenn ich nichts leiste, bin ich nichts wert." Weiterhin können alle Arten von Gewalterfahrungen als Kind dazu führen, dass ich im Erwachsenenleben Schwierigkeiten habe, Grenzen zu setzen, meine Grenzen zu spüren und dass ich mich für alles verantwortlich fühle. Im Sterben kann es dann fast unmöglich sein, jemanden (z. B. mit einer Verantwortung) alleinzulassen. Das geschieht, wenn die Sterbende im Leben nicht gelernt hat, eine Verantwortung, die sie nicht mehr tragen kann, abzugeben oder anderen Menschen zuzutrauen, Verantwortung für sich selbst zu übernehmen.

Die seelischen Verletzungen, die durch all die eben beschriebenen mangelnden Entfaltungsmöglichkeiten im kindlichen Raum entstehen, schränken unsere Lebendigkeit auch im erwachsenen Leben ein. Im Sterben aber potenzieren sie sich, wenn wir sie vorher noch nicht in den Blick genommen haben, weil der Tod der Extremfall all dieser Ängste ist: der totale Kontrollverlust, die endgültige Trennung, das ganz und gar Unbekannte.

„Wenn wichtige Bedürfnisse (eines Kindes, Anm. d. Verf.) grundsätzlich oder über einen sehr langen Zeitraum nicht erfüllt werden, kann es sich traumatisierend auswirken. Weitere Faktoren, die zu einer Traumatisierung beitragen, sind regelmäßige Gefühle von Angst, Scham und Schuld. Auch die übermäßige Sorge um andere Familienmitglieder oder Anforderungen und Ansprüche, die nicht altersgerecht sind, können traumatisierende Belastungen darstellen. Wenn die Be-

dürfnisse eines Kindes nicht erfüllt werden, wird es zunächst einmal lautstark protestieren. Wenn der Protest immer wieder erfolglos bleibt, wird es irgendwann resignieren und verstummen. Es wird das Gefühl haben, dass seine Bedürfnisse nicht gerechtfertigt sind. Da es die Eltern als unfehlbar erlebt, glaubt es, dass es selbst nicht in Ordnung ist. Es entwickelt eine Überlebensstrategie: es unterdrückt seine Bedürfnisse, was so weit gehen kann, dass es seine eigenen Wünsche, Gefühle und Körperempfindungen gar nicht mehr deutlich wahrnimmt. Damit ist der Kontakt zu sich selber eingeschränkt."[5]

Und das ist der Punkt: **Den Kontakt zu uns selbst herzustellen und dauerhaft zu halten ist eigentlich die vorrangige Lebensaufgabe von uns als erwachsenen Menschen.** Wie oft aber setzen wir im Leben alles daran, uns einfach nur so zu verhalten, dass wir unerwünschte Gefühle nicht wieder fühlen und als Kind erworbene und mit unserem Handeln unbewusst weiterwirkende Glaubenssätze widerlegen möchten, und geraten so leicht in den Strom von Erfolgsdruck und Versagensängsten, von Anerkennung und dem Wunsch, gesehen zu werden und uns spiegeln zu können in unserer Umgebung, anstatt selbst in den Spiegel zu schauen und uns mit Mitgefühl und viel Freude zu betrachten. Diesen Punkt vertiefe ich in Kapitel 3 in einem Exkurs zum „Inneren Kind".

Entwicklungstraumata können in jeder Familie entstehen, sie brauchen keine „Rabeneltern", sondern manchmal einfach nur arbeitende Eltern, die dauerhaft müde sind, oder überbesorgte, immer anwesende Elternteile. Und ebenso hat nicht jede seelische Verletzung als Kind Auswirkungen auf das Erwachsenenleben. Es hängt davon ab, wie heftig das Geschehen war oder wie lange das Kind den Mangel aushalten musste oder wie wichtig die verantwortliche Bezugsperson für das Kind war. Bei der Generation, die

5 Weißenböck (2020), Entwicklungstraumata, 1–4.

noch Kriege und deren Folgen bewältigen musste, kommen Entwicklungstraumata häufiger vor. Aber auch deren Kinder und Kindeskinder, die wir ja sind, haben einiges davon mitbekommen, wenn unsere Eltern sich ihrer eigenen Traumata nicht bewusst waren.
Wichtig ist hier nur, zu verstehen, dass ich den Umgang mit Todesängsten am besten im Leben erlernen kann, wenn ich mich mir selbst und meiner eigenen Lebensgeschichte zuwende und so den Kontakt zu mir wieder aufnehme, um ihn möglichst dauerhaft zu halten.

Die **Sterbensangst** beschäftigt sich mit den Grundfragen zum konkreten Sterbeprozess: 1.Wann werde ich sterben? 2. Wie werde ich sterben? 3. Was wird danach sein?
In palliativen Situationen können Mediziner in der Regel informationsorientierte Antworten auf die Fragen 1 und 2 geben. Die Frage 2 kann neben diesen medizinischen Informationen auch die weiter reichende Frage herausfordern: Wie will ich sterben? Hier können Sterbende in einer Lage, in der sie von vielem abhängig sind, klare eigene Entscheidungen treffen, die den eigenen Sterbeprozess mitgestalten. Das „Wie“ gliedert sich dann auf in: Wo? Im Beisein von welchen Menschen? Auf welche Weise? etc. Und selbst für Frage 3 können, zumindest was das körperliche „Danach“ angeht, im Dialog mit Angehörigen schon Festlegungen getroffen werden (Gestaltung der Trauerfeier, Bestattungsart, Grabstelle etc.), die oftmals die Sterbenden beruhigen und den Angehörigen in Absprache mit den Sterbenden über deren Tod hinausreichende Handlungen ermöglichen.
In Kapitel 5 finden sich noch ausführlichere medizinische Informationen zu Frage 1 und 2.

Dort, wo Menschen in ihrem eigenen Leben übergroße und aus keinem eigenen Erleben ableitbare Ängste dem Tod gegenüber

empfinden, hat die Forschung ergeben, dass es sich meist um transgenerationale Ängste handelt. Unsere Eltern und Großeltern haben in den beiden Weltkriegen furchtbare Situationen erlebt, die sie in ihrem Leben nicht verarbeiten konnten, weil sie sich auf das Überleben konzentrieren mussten. Die nicht verarbeiteten Ängste dieser Zeit haben sie uns in unserer Erziehung aber häufig weitergegeben. So haben viele Freundinnen meiner Generation z. B. unverständliche Ängste vor Dunkelheit oder davor, in den Keller zu gehen etc., die aus den Luftschutzkelleraufenthalten unserer Eltern und Großeltern heraus verständlich werden und die wir, wenn wir sie zugeordnet haben, manchmal mit, manchmal ohne psychologische Hilfe auch ablegen können. Viele solcher nicht aus unserem eigenen Erleben heraus nachvollziehbaren Ängste beziehen sich auf Sterbeprozesse und wir leben sie und geben sie unseren Kindern weiter, ohne uns darüber klar zu sein, dass sie für ein Leben und Sterben in unserer Zeit eher hinderlich sind.
Davon, wie es möglich ist, diese Ängste zu identifizieren und dorthin „zurückzugeben", wo sie herkommen, handelt der Wissensteil von Kapitel 4 (Transgenerationale Weitergabe).

Verkürzt lässt sich sagen, dass es in der Todesangst im Grunde ums Leben geht, während die Sterbensängste den Sterbeprozess betreffen. Sie gehören in die Sterbesituation selbst und können vor allem dort bewältigt werden. Je weniger Todesängste ein Mensch noch im Lebensgepäck hat, wenn er/sie stirbt, desto „leichter" kann sie/er sich auf den Weg machen.
Die Begriffe „Todesangst" und „Sterbensangst" werden dir in den kommenden Kapiteln hin und wieder begegnen. Dafür ist es gut, um ihre Bedeutung zu wissen.

Geschichten

Frau A., eine kleine alte Dame, kam mit über 90 Jahren und einer schweren Vorerkrankung der Lunge auf unsere Station. Sie war ganz im Einklang mit sich und ihrer Umgebung, fand, dass sie ein tolles wildes Leben gelebt hatte, sechs Töchter geboren und keine hatte sterben sehen samt unzähligen Enkeln und Urenkeln. Trotzdem wollte sie nicht sterben und sagte das auch allen, die sie besuchten. Je näher das Sterben rückte, desto lautstärker sagte sie es und desto wütender wurde sie. Weil es eigentlich als normal empfunden wird, wenn man nicht sterben möchte, kam niemand auf die Idee, sie zu fragen, warum sie es nicht wollte. Aber langsam wurden alle immer unglücklicher mit der Situation. In den Therapien konnte Frau A. munter und fröhlich und dankbar aus ihrem Leben erzählen, wollte alte Lieder hören, erinnerte sich mit Freude. Aber wenn das Thema Sterben im Raum stand, wies sie uns die Tür und schimpfte. Ebenso machte sie es mit ihren Töchtern. Sie wurde schwächer und schwächer und die Wut immer größer. Bis irgendwann eine der Töchter sie doch fragte, warum sie eigentlich nicht sterben wolle, wo sie doch immer sage, dass sie lebenssatt sei und außerdem ihren Mann wiedertreffen wolle und ihre eigenen Schwestern, die sie alle überlebt hatte. Da endlich sagte sie ihr, dass sie ganz große Angst habe zu ersticken. In einem Film habe sie einmal gesehen, wie ein Mann eine Frau erwürgt habe und die erstickt sei, und es sei einfach fürchterlich gewesen. Und sie, mit ihrer Lungenerkrankung und Kurzatmigkeit, stellte sich ihr Sterben nun wie solch ein Ersticken vor und wollte das auf gar keinen Fall.

Die Tochter holte die Ärztin und diese erklärte Frau A., dass sie mit ihrer Erkrankung am Ende nicht ersticken werde, sondern einfach einschlafen. Sie werde in eine Art CO_2-Koma fallen, weil ihre Atemzüge nicht mehr genug Sauerstoff in die Lunge trans-

portieren würden. Das Gefühl zu ersticken werde sie auch vor diesem Einschlafen nicht bekommen. Wenn sie wolle, könne sie zusätzlich ein Sauerstoffgerät neben sich haben, für den Fall, dass dieses Gefühl doch einmal auftauchen würde. Frau A. fragte mehrfach nach, ob das auch wirklich stimme oder die Ärztin sie nur beruhigen wolle. Als sie es dann glaubte, änderte sich die gesamte Situation vollkommen und Frieden und Dankbarkeit waren wieder zurück.
Wenige Tage später starb Frau A. ruhig im Schlaf in Anwesenheit von zwei ihrer Töchter.

Das war eine Geschichte zur Sterbensangst, die meistens überwindbar ist, sobald wir sie ansprechen und uns für Informationen öffnen.
Nun eine Geschichte zur Todesangst.
Manchmal, in meinem Erleben gar nicht selten, gleichen die Partnerschaften des Lebens die Entwicklungstraumata der Kindheit einfach aus und die Partner:innen halten sich gegenseitig genauso, wie sie es brauchen. So kann es sein, dass sie im Leben niemals an einen Punkt kommen, an dem sie ihr eigenes Trauma wirklich anschauen und sich ihm stellen müssen und auch so eine gute, ausgewogene und für beide schöne Partnerschaft führen. Wenn dann aber eine:r von beiden stirbt, gerät das ganze Konstrukt ins Wanken und was im Leben so gut getragen hat, macht das Sterben für beide fast unmöglich. Eigentlich sind sie nur gemeinsam lebensfähig:

Frau B. kam auf unsere Station etwa vier Wochen vor ihrem Tod, **Herr C.** war immer bei ihr. Nachdem die Schwere der Krankheit klar geworden war, hatte er sich frühverrenten lassen und alles im Leben aufgegeben zugunsten der Begleitung seiner Frau. Es war fast unmöglich, einen Augenblick allein mit Frau B. zu sprechen. Herr C. war nicht nur immer da, er antwortete auch meist für sie,

weil sie schwach war und ihr das Sprechen zunehmend schwerer fiel. Nur manchmal wollte er Gesellschaft, dann erzählte er offen, dass sie keine Kinder hätten, sich aber immer selbst genug gewesen seien. Sie seien viel gereist, jede:r habe eine gute Arbeit gehabt, die viel Freude geschenkt und sie ausgefüllt habe. Sie hätten auch keinen großen Freundeskreis, was sie auch nicht bräuchten. Zu ihren Familien sei der Kontakt schon länger abgebrochen, weil beide keine „gute Kindheit" gehabt hätten, was sie zusätzlich verbunden habe. Seine Frau habe schon immer viele Ängste gehabt, aber er habe sie beschützt.
Je näher der Tod seiner Frau rückte, desto klarer wurde Herrn C., dass er sie nicht mehr lange würde beschützen können. Immer öfter sagte er ihr auch im Beisein von Pflegenden oder Therapeut:innen, dass er ihr bald folgen werde. Nach seiner Zukunft gefragt, eine Frage, die ohnehin nur auf dem Flur zu stellen war, wenn Frau B. nicht anwesend war, antwortete er, dass er sich eine Zukunft ohne seine Frau nicht vorstellen könne und auch nicht wolle. Er wolle über diesen Tod nicht hinausdenken, schon gar nicht, solange sie noch lebe. Als ein Hospizplatz für Frau B. gefunden war, was sich beide gewünscht hatten, gaben wir den ärztlichen Mitarbeiter:innen dort unsere Sorge um Herrn C. weiter, der sich unseres Erachtens wesentlich näher am Suizid als am Leben befand, obwohl er körperlich ganz gesund war.

Für sicher gebundene Menschen ist das Sterben und der Umgang damit nach meiner Erfahrung in jedem Lebensalter eine Aufgabe, die sie mit Unterstützung bewältigen können:

Frau D. kam auf unsere Station zwei Tage vor ihrem Tod. Mit ihr kamen ihre Kinder, 12 und 17 Jahre alt, und ihre Mutter. Aufgrund eines Hirntumors konnte Frau D. kaum mehr sprechen und nur ihre Kinder verstanden noch, was sie meinte. Die Eltern lebten getrennt und so sprach die Ärztin nur mit der Patientin selbst und mit ihrer Mutter über den unmittelbar bevorstehenden Tod, da beide Kinder noch nicht volljährig waren und Frau D. mit dem Vater der Kinder so zerstritten war, dass sie keinen Kontakt wollte. Die Kinder hatten die Mutter bislang zu Hause versorgt, unterstützt von einem Pflegedienst und von ihrer Oma. Im vergangenen Vierteljahr hatten sie die Nächte im Wechsel im Bett der Mutter geschlafen, um zu bemerken, wenn diese epileptische Anfälle bekam. Sie hatten Fotos aus ihrem Leben mitgebracht und erzählten mit großem Stolz und großer Freude von ihrer Mutter und von allem, was sie gemeinsam erlebt hatten. Auch davon, wie lange sie es schon geschafft habe, trotz dieses Krebses immer noch bei ihnen zu bleiben. Weil die Oma nach dem Arztgespräch den Kindern nicht sagen konnte, dass ihre Mutter nun wirklich stirbt, bat sie mich, ihnen zu sagen, wie wenig Zeit nur noch bliebe. Nachdem ich mit den zweien gesprochen und viele Fragen nach letzten Hoffnungen verneint hatte und beide weinten, sagte das ältere Kind entschieden: „Dann brauchen wir jetzt den Papa." Das jüngere widersprach und sagte, dass die Mama das nicht wolle. Das ältere erklärte, dass der Papa ja auch nicht zur Mama kommen müsse, sondern sie beide unterstützen. Es fragte mich, ob es hier einen Raum gebe, wo sie mit ihrem Papa zusammen sein könnten, und erklärte dem jüngeren Geschwisterkind, dass sie beide einfach nicht die Kraft hätten, durch diese Situation alleine zu gehen, und dass die Mama das schon verstehen werde, das wisse sie genau. Der Vater wurde angerufen und kam sofort. Wir setzten ihn vor der Klinik in Kenntnis über die Situation und er umarmte beide Kinder fest und sagte ihnen, dass sie jetzt gemeinsam durch diese Situation hindurchgehen würden und sich danach in Ruhe anschauen könnten, wie sie von jetzt an leben wollten. Das jüngere Geschwisterkind sagte, dass es sich gar nicht vorstellen könne, ohne die Mama zu leben, und der Vater erinnerte es daran, dass es als kleines Kind viele neue Situationen erlebt habe, die es sich vorher nicht vorstellen konnte, und immer neugierig war und dass er als Papa es immer dabei begleitet habe. So werde das auch jetzt geschehen. Dann wollte das ältere Kind wissen, wie das Sterben denn nun genau vor sich gehen werde, und das, was zu erklären möglich ist, erklärte ich den dreien vor der Klinik. Bevor sie hineingingen, nahmen sie sich noch fest in die Arme und der Papa sagte laut: „Wir schaffen das!“ Und sie schafften es gut.

Literatur

Borasio, Gian Domenico (2013): Über das Sterben. Was wir wissen. Was wir tun können. Wie wir uns darauf einstellen. München.

Heim, C., Ehlert, U., Hellhammer, D. (2000): The potential role of hypocortisolism in the pathopysicology of stress-related bodily disorders. Psychoneuroendocrinology 25 (1), 1–35.

Heinze, Susanne (2005): Wenn eine Melodie verklingt … Musiktherapie in der Sterbebegleitung. In: Wiener Beiträge zur Musiktherapie, Bd. 7, 113–210.

Heller, Laurence, Aline LaPierre, Aline et al. (2013): Entwicklungstrauma heilen: Alte Überlebensstrategien lösen – Selbstregulierung und Beziehungsfähigkeit stärken – Das Neuroaffektive Beziehungsmodell zur Traumaheilung NARM. München

Ingrisch, Lotte (2000): Reiseführer ins Jenseits. München.

Kast, Verena (2012): Imagination. Zugänge zu inneren Ressourcen finden. Ostfildern.

Müller, Monika (2006): Dem Sterben Leben geben. 2. Aufl. Gütersloh.

Vogel, Ralf T. (2012): Todesthemen in der Psychotherapie. Ein integratives Handbuch zur Arbeit mit Sterben, Tod und Trauer. Stuttgart.

Weißenböck, Martina (2020): Entwicklungstraumata. https://www.martinaweissenboeck.at/entwicklungstrauma/ [letzter Abruf 31.07.2023]

Znoj, Hans Jörg (2012): Trauer und Trauerbewältigung. Psychologische Konzepte im Wandel. Stuttgart.

2 Meine Geschichte mit Abschieds-erleben im Selbstüberblick

All das, was du jetzt schon an Wissen über dich und deine Ängste aufgenommen hast, kannst du nun in deinen eigenen lebensgeschichtlichen Kontext stellen.

Übung
(ca. 10–15 Minuten)

Einführung: Die Übung, zu der ich dich jetzt einlade, trägt die Überschrift „Ein Streifzug durch meine Vergangenheit". Der Begriff „Streifzug" bedeutet in diesem Zusammenhang, dass es jetzt (noch) nicht darum geht, tief in deine Lebensgeschichte einzusteigen, sondern dir zunächst einen Überblick zu verschaffen: Wo und wie bist du mit diesem Thema bislang überhaupt in Berührung gekommen? Wie hast du den Tod und das Sterben in diesen Situationen wahrgenommen? Welche Vorstellungen zu Tod und Leben wohnen in dir?

Für die Übung brauchst du zunächst keinen Stift und kein Papier. Es geht nicht darum, dir Erlebtes zu notieren, sondern eine Art inneren Spaziergang zu unternehmen.

Die Form der Spirale, in der die Fragen angeordnet sind, zeigt, dass es vielleicht nicht alle Fragen sind, die du dir stellen kannst. Solltest du am Ende deines Spaziergangs noch weitere Assoziationen haben oder andere als die abgefragten Situationen kurz erinnern wollen, dann tu das einfach.

1. Lies dir nun die erste Frage durch und erinnere dich. Wenn du magst, kannst du beim Erinnern kurz die Augen schließen. Stelle dir in deinen Erinnerungen immer auch die Frage: Was habe ich gefühlt?

Wenn du möchtest, stell dir dabei einen Timer auf 1 Minute, höchstens 90 Sekunden. Sein Klang holt dich in die Gegenwart zurück.

2. Verfahre so nacheinander in deinem Tempo mit allen Fragen.

3. Wenn du mit deinem Spaziergang fertig bist, nimm einen Stift und notiere hier die Antwort auf folgende Frage:
Was ist heute und hier und jetzt meine Haltung zu Tod und Sterben?
(Schreibe einen kleinen Text oder eine Wortsammlung oder fertige eine Mindmap dazu an oder …)

Übung:
Ein Streifzug durch meine Vergangenheit

Was hat meine Wahrnehmung von und Haltung zu Tod und Sterben bis heute geprägt? [6]

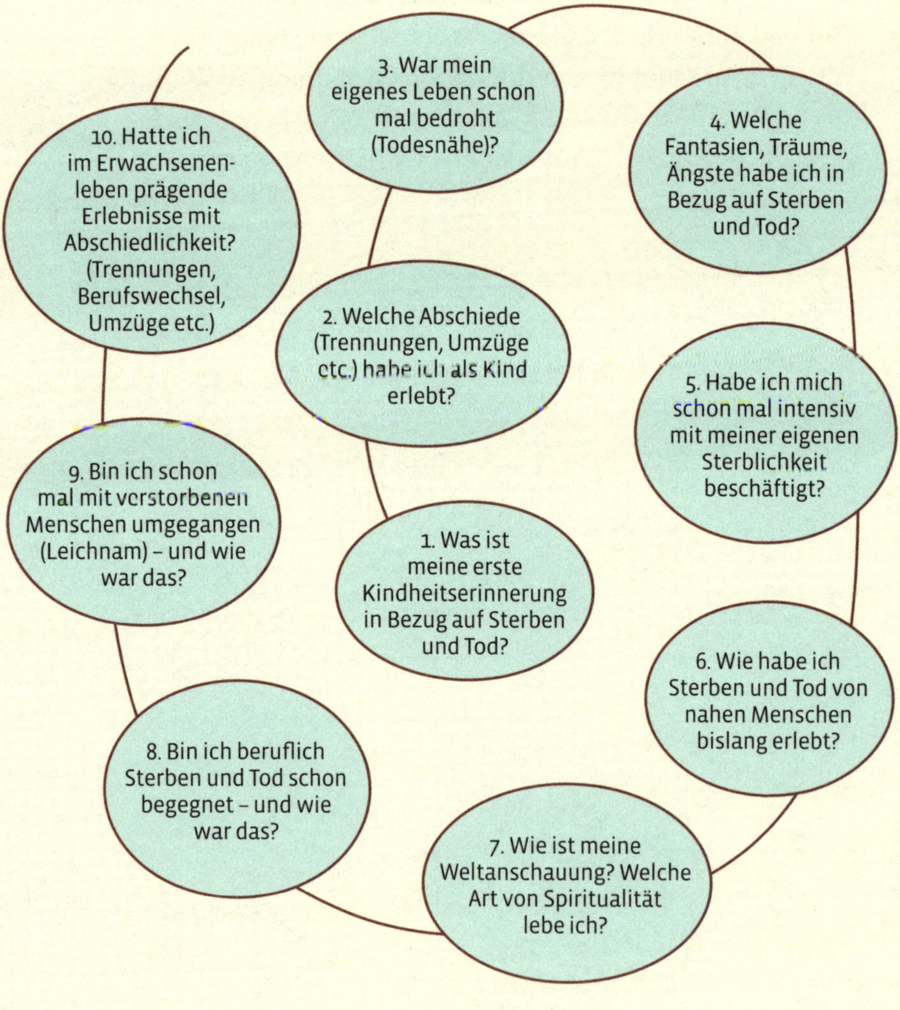

6 Frei in Anlehnung an eine Grafik von Petra Hugo.

Wissen: Bewusstwerdung und Verarbeitung von prägenden Abschiedserlebnissen in der Vergangenheit

Im Wissensteil dieses Kapitels nehme ich vor allem die Frage in den Blick, wie unsere kindlichen Abschiedserlebnisse unseren Blick auf Abschiedlichkeit insgesamt beeinflussen können. Diese frühesten Prägungen und Erfahrungen legen nämlich oft eine Art Filter über unsere Wahrnehmung, vorstellbar wie eine von selbst gewachsene und mit uns mitwachsende Brille, durch die wir das Leben, uns selbst und andere sehen und einschätzen. Wollen wir unsere heutige Haltung zu Tod und Sterben verändern, bedarf es häufig der Bewegung, diese „Brille" wahrzunehmen, ihre Ränder zu erforschen, über den Brillenrand hinauszuspinxen und sie vielleicht in der einen oder anderen Situation probeweise einmal abzunehmen und zur Seite zu legen …

Der Hirnforscher Gerald Hüther beschreibt das mit anderen Worten:
„Die anfänglich im menschlichen Gehirn herausgebildeten neuronalen Verknüpfungsmöglichkeiten strukturieren sich nach der Geburt anhand der Erfahrungen, die mit den jeweiligen Beziehungspersonen gemacht werden. Zwangsläufig kommt es dabei zu Verwicklungen zwischen eigenen Anlagen und den vorgefundenen, von Erwachsenen bestimmten Beziehungsmustern. Diese mehr oder weniger stark ausgeprägten Verwicklungen verhindern die Entfaltung der in einer Person angelegten Potenziale. Deshalb ist Entwicklung, also die Herauslösung aus den jeweils entstandenen Verwicklungen, die entscheidende Voraussetzung dafür, dass dieser Entfaltungsprozess wieder in Gang kommt.
Eine solche Entwicklung müsste von der betreffenden Person aktiv angestrebt, also selbst gewollt werden. Mit dem Ziel „to reconnect the

disconnected" ist dazu eine Reaktivierung dieser gehemmten und damit abgespaltenen Anteile über die jeweiligen neuronalen Netzwerke erforderlich. Die betreffende Person müsste also in sich das wiederentdecken, was sie im Verlauf ihrer Sozialisation unterdrückt hat (z. B. Lebensfreude, Lernlust, Gestaltungswille). Standardisierte Therapieverfahren eignen sich dafür nicht. Der entscheidende Impuls für einen derartigen Entwicklungsprozess ist die tiefe Berührung mit den eigenen abgespaltenen Anteilen."[7]

Der Tod ist der letzte und meist auch gefühlt der größte Abschied, den wir in unserem Leben zu bewältigen haben. Er ist umfassend. Wir verabschieden uns von allem, was uns lieb und vertraut geworden ist: von nahen Menschen, von unserem bisherigen Leben, von dieser Welt, so wie wir sie erlebt haben, von unserem Körper und all den damit verbundenen Fähigkeiten, Möglichkeiten, Empfindungen und Gefühlen, von unserem durch das Leben gewonnenen Konzept dessen, was Leben ist.

Von klein auf aber, schon als Kleinstkind, üben wir Abschiede. „Menschen sind von Geburt an abschiedskundig", schreibt Christian Metz (2019). „Wir existieren zwischen Gestern und Morgen, zwischen Schmerz und Sehnsucht, zwischen Endlichkeit und Ewigkeit. Der Tod ist nicht nur das einmalige Letzt-Ereignis, der äußerste Schlusspunkt – der Tod ragt vielmehr immer schon ins Leben hinein, fordert immer schon Veränderung. So sind Menschen eigentlich existenziell kundig in Sachen Trauer (Müller / Schnegg 2016). Im Erleben von Verlusten und Abschieden."

Wie wir als Kinder Abschiede verarbeiten, hängt, so haben unterschiedliche entwicklungspsychologische Forschungsrichtungen

7 Gerald Hüther, aus seinem Vortrag im Rahmen der 11. Zürcher Traumatage „Würde und seelische Verletzung" in Zürich, Schweiz, 17.–19.9.2020.

herausgefunden, stark mit der Qualität der Bindung zusammen, die wir als Säugling und Kleinkind zu unserer Hauptbezugsperson (in den meisten Fällen die Mutter) aufgebaut haben. Wie schon im letzten Kapitel in der Beschreibung von Entwicklungstraumata in ihrer Bedeutung für den Umgang mit Tod und Sterben deutlich geworden ist, hat auch unsere lebensgeschichtlich erworbene Abschiedsfähigkeit mit unseren Ersterfahrungen als Säugling und Kleinkind zu tun.

Die von Bowlby (1953) entwickelte und von Ainthworth (1967) und einigen anderen weiterentwickelte Bindungstheorie unterscheidet vier Arten von Bindungsqualität je nach Bindungsverhalten der wichtigsten Bezugspersonen:
sicher gebunden, unsicher-vermeidend gebunden, unsicher-ambivalent gebunden und desorganisiert gebunden bzw. desorientiert gebunden (die letzten beiden Begriffe werden für dasselbe Verhalten verwendet).

In einer Testreihe von Trennungssituationen wurde deutlich, dass sicher gebundene Kinder (zwischen 18 Monaten und zwei Jahren), bei denen die nächste Bezugsperson (meistens die Mutter) die Bedürfnisse des Säuglings verlässlich feinfühlig beantwortet hat,

- beim Weggehen dieser Bezugsperson protestieren,
- sich von einer fremden Person beruhigen lassen, aber angespannt bleiben,
- bei Rückkehr der Bezugsperson sofort zu ihr laufen und sich rasch von ihr beruhigen lassen,
- dann schnell wieder zur Exploration, d. h. zur Erforschung ihrer Umgebung übergehen.

Hier sinkt der im Speichel des Kleinkinds gemessene Cortisolspiegel, der sein Stresslevel signalisiert, sehr schnell nach Kontakt mit der Bezugsperson wieder ab und das kindliche Nervensystem entspannt sich.

Es zeigte sich weiter, dass unsicher-vermeidend gebundene Kinder, deren nahe Bezugsperson oft zurückweisend auf Bindungsbedürfnisse reagiert hat,

- kaum reagieren, wenn diese das Zimmer verlässt,
- in oberflächlichen Kontakt mit einer fremden Ersatzperson gehen,
- kaum aufschauen, wenn die Bezugsperson das Zimmer wieder betritt,
- insgesamt sehr gleichmütig reagieren,
- ein Explorationsverhalten zeigen, das unkonzentriert wirkt und durch viele Wiederholungen geprägt ist.

Hier zeigt der im Speichel gemessene Cortisolspiegel nach Verlassen des Zimmers durch die Bezugsperson eine starke Erhöhung und sinkt nach ihrem Wiedererscheinen nur sehr langsam ab. D.h. die Kinder zeigen zwar nach außen kaum eine Haltungsveränderung, sind aber innerlich stark gestresst.

Unsicher-ambivalent gebundene Kinder, deren Bezugsperson manchmal feinfühlig zugewandt und manchmal zurückweisend und ablehnend handelt/e,

- weinen oft verzweifelt und sind beim Weggehen dieser Person tief beunruhigt,
- lassen sich von der Ersatzperson in der Regel nicht ablenken oder trösten,
- laufen bei der Rückkehr der Bezugsperson sofort zu ihr, lassen sich aber lange nicht beruhigen,
- schmiegen sich oft nicht an und zeigen Ärger auf die Bezugsperson,
- brauchen sehr lange, bis sie ihr Interesse wieder auf die Umgebung richten können.

Auch ihr Cortisolspiegel bleibt noch lange nach der Rückkehr der Bezugsperson hoch.

Kinder, die desorganisiert/desorientiert gebunden sind, haben manchmal Angst vor ihrer nächsten Bezugsperson, weil diese zum Teil aggressiv und manchmal gewalttätig wird.

- Sie zeigen in der Regel eines der drei Bindungsmuster (oben) als Grundmuster, wobei dieses Muster aber nicht durchgängig auftaucht, sondern seltsam desorganisiert wirkt.
- Es kann auch sein, dass sie widersprüchliche Verhaltensweisen zeigen, z. B. Lachen bei Angst, gleichzeitiges Anklammern und Schlagen, ungerichtete Handlungen, Stereotypen und plötzliches Erstarren.

Auch ihr Stresslevel sinkt nachweisbar erst sehr lang nach Rückkehr der Bezugsperson wieder auf ein normales Maß, welches jedoch insgesamt höher ist als das der anderen drei Bindungstypen (vgl. Stumpf 2020, 4–5).

„Während eine sichere Bindung", so Karl-Heinz Brisch (2018), „einen wichtigen Schutzfaktor bei der Bewältigung belastender Situationen darstellt, stellen die unsicheren Bindungsformen den Kindern zwar Verhaltensstrategien zum Umgang mit Belastungen zur Verfügung, wirken aber auch gleichzeitig als zusätzliche Stressfaktoren. Ausgehend von der Annahme, dass Bindungsmuster transgenerational weitergegeben werden, ist anzunehmen, dass Kinder mit unsicheren Bindungen auch Eltern haben, die diese Bindungsmuster verinnerlicht haben. Das bedeutet aber, dass diese Eltern in unsicheren Situationen ihren Kindern häufig gerade nicht die Sicherheit bieten können, die notwendig wäre", was bei Belastung als zusätzlicher Stressfaktor angesehen werden kann.

Meist sind wir uns unserer frühkindlichen Bindungsmuster in Bezug auf Abschiede nicht bewusst, haben diese aber dennoch im Gepäck. Natürlich haben wir in unserem Erwachsenenleben längst eigene Strategien entwickelt, wie wir mit Trennungen umgehen. Diese bauen jedoch häufig auf den in der frühen Kindheit erlernten Mustern auf und sind deshalb manchmal nicht so leicht zu verändern. Wenn Eltern z. B. beim Tod eines Haustiers, der das Kind selbst traurig gemacht hat, eher pragmatisch reagierten, es im Mülleimer entsorgten und, um zu trösten, einfach am nächsten Tag ein neues Tier da war, kann das im erinnerten Erlebnisaugenblick sehr ambivalente Gefühle ausgelöst haben: z. B. das Gefühl, in seiner Trauer nicht wahrgenommen zu werden, sich nicht angemessen verabschieden zu können, in seinem Schmerz nicht gesehen zu werden, keine wirkliche Freude über das neue Tier empfinden zu können, der Dankbarkeitserwartung der Eltern nicht gerecht werden zu können, zum neuen Tier aus Angst, dass dieses auch sterben könnte, keine ähnlich tiefe Bindung eingehen zu können, es deshalb nicht so gut pflegen zu können, dafür wiederum Ärger von den Eltern zu bekommen etc. Insgesamt kann der Eindruck bleiben, in einer Abschieds- und Trauersituation keine angemessene Unterstützung von den Menschen erhalten zu haben, die von der Natur her dazu vorgesehen sind, solche zu gewähren. Das Kind kann sich einsam fühlen und überlastet und möchte in Zukunft solche Situationen möglichst vermeiden. Die Eltern wissen in solchen Situationen kaum, welche innere Reaktionsflut ihre „gut gemeinte“ Handlung ausgelöst hat. Sie wollten ihr Kind vielleicht vor der Wucht der Traurigkeit schützen und deshalb das Verlorene schnell ersetzen und vielleicht aus ihrem eigenen Erinnern heraus die in ihrem Empfinden zu schmerzvolle Abschiedssituation vermeiden. Das sind auch oft die Beweggründe, wenn Kinder nicht mit zu Trauerfeiern dürfen oder einen nahen Verstorbenen nicht noch einmal anschauen. Aus als Kind erlebter eigener Schutzlosigkeit heraus wollen Eltern ihr Kind häufig davor schützen, Traurigkeit zu durchleben. Situationen, mit denen sie selbst nicht umgehen können oder konnten, wollen sie ihrem Kind ersparen. Sie übersehen dabei, dass sich eigentlich nur in solchen Situationen auch üben lässt, wie Kinder mit Traurigkeit und mit der Ratlosigkeit der Erwachsenen umgehen können, und geben die „Entwicklungsaufgabe“, der sie sich selbst nicht gewachsen fühlen, so an ihre Kinder weiter.

Je nachdem, wie sicher wir als Kind gebunden sind, können wir auch Abschiede und Trennungssituationen, die keine Todesfälle sind, wie z. B. Umzüge in eine andere Stadt, den Wegzug eines Elternteils nach der Scheidung sehr unterschiedlich erleben. Für die einen sind das mit Unterstützung der Eltern bewältigbare Situationen, weil sie ihre Gefühle zeigen können und ihre Bezugspersonen Verständnis zeigen und sie durch die neuen Situationen verlässlich begleiten. Hier kann sich folgendes Bewusstsein einstellen und als Glaubenssatz verinnerlicht werden: Es ist schwer, sich zu trennen, sich zu verabschieden, Beziehungen anders zu organisieren, neu anzufangen, traurig zu sein gehört dazu – es ist schwer, aber ich kann das und ich habe liebe nahe Menschen um mich herum, die mir helfen, und es gibt auch viel Schönes neu zu entdecken.
Für unsicher gebundene Menschen können das Situationen sein, die ihre ganze aus Freundeskreis, Schulumfeld, bekannter Umgebung mühsam aufgebaute innere Sicherheit zum Einsturz bringen und in ihrer Erlebnisschwere kaum tragbar sind. Wenn sie überstanden sind, was Jahre dauern kann, werden sie dennoch meist mit negativen Emotionen besetzt erinnert. Gefühle, die bleiben, könnten sich in folgenden Glaubenssätzen verinnerlichen: Es ist zu schwer, sich zu trennen, neu anzufangen, ich bin einsam, niemand hilft mir wirklich, ich möchte das nicht noch einmal erleben.

In der Streifzugübung zu Beginn dieses Kapitels ging es auch darum, aufzuspüren, welche Gefühle Erinnerungsaugenblicke auslösen und welche Glaubenssätze aus diesen Gefühlen gewachsen sind und letztlich – neben meinen Lebenserfahrungen als Erwachsene – meine heutige Haltung zu Tod und Sterben beeinflussen.

Exkurs: Das Innere Kind

In der Psychotherapie hat sich in den letzten 30 Jahren der Begriff des „Inneren Kindes“ (Bradshaw 1994, Chopich 1993, Stahl 2015 etc.) etabliert.

Das Innere Kind ist ein Bild für die in unserem Gehirn gespeicherten Kindheitserinnerungen von Erfahrungen und die dazugehörigen intensiven Gefühle. Diese Gefühle umfassen das ganze Spektrum von Freude, Glück, Schmerz, Trauer, Einsamkeit, Angst, Wut und anderen tief erlebten Gefühlen, die wir situativ gebunden gespeichert haben.

Kommen wir im Erwachsenenleben in eine Situation, die uns unbewusst an eine solche mit Kindheitserfahrungsgefühl aufgeladene Situation erinnert, kann es sein, dass wir die gleichen Gefühle wie in der Vergangenheit in ebensolcher Heftigkeit nach(er)leben. Oft konnten wir als Kinder nicht adäquat reagieren, weil wir es nicht durften oder uns nicht getraut haben. Die Handlungsmuster, die wir als Kind in dieser „Ursituation“ benutzt haben, um die emotional aufgeladene Situation für uns zu bewältigen, benutzen wir oft in vergleichbarer Form auch als Erwachsene in einer solchen Situation, auch wenn sie dort eigentlich nicht angemessen sind.

In unserem Kontext sind Beispiele interessant, die thematisch mit Trauer, Schmerz, Abschied und Tod zu tun haben. Hier zwei „Erinnerungsschnipsel“ von Studierenden:

Beispiel 1:

„Mein Vater hat mir früher meist eine gescheuert, wenn ich geheult hab. Deshalb bin ich eigentlich immer, wenn mir etwas wehgetan hat, egal ob es eine äußere Verletzung war oder eine innere, erst mal möglichst weit weggelaufen, um zu heulen. Wenn er zu Hause war, hab ich mich draußen oder in meinem Zimmer versteckt. Draußen konnte ich laut heulen, drinnen hab ich versucht, leise zu schluchzen und still zu weinen. Bei mir hat es immer eher länger gedauert, bis die Tränen versiegt waren. Ich erinnere mich an eine Situation, ich glaub, da war ich so sieben Jahre alt, wo ich vom Fahrrad gefallen bin und eine Riesenwunde am Knie hatte, die stark blutete. Ich musste so heftig weinen, dass ich mich bis mittags am Bach versteckt habe und erst als ich zum Mittagessen musste, nach Hause gegangen bin. Meine Mutter hat sich sehr aufgeregt, dass ich mit einer solchen Wunde nicht sofort nach Hause gekommen war. Es tat dann noch ordentlich weh, als sie gereinigt und verbunden wurde, aber ich hatte ja zu Ende geweint und wenn ich ruhig war, konnte ich meine Schmerzen kontrollieren und so haben mich beide Eltern gelobt, wie tapfer ich sei. Noch heute habe ich die Strategie, mich, wenn ich einen starken Schmerz erlebe, möglichst sofort zurückzuziehen, auch physisch, um zu weinen und mich innerlich zu ordnen. Das reicht weit in mein persönliches Leben hinein. Als ich 24 Jahre alt war, saß ich mit meinem Partner am Frühstückstisch, als die Todesnachricht meiner Oma kam. Nach dem kurzen Telefonat lief ich im Schlafanzug sofort aus dem Haus, um zu weinen. Ich hab nicht mal gehört, dass mein Partner noch gefragt hat, was los ist. Weil er sich erst angezogen hat, dauerte es etwas länger, bis er mir hinterherkam und er suchte mich mehr als eine halbe Stunde, bis er mich fand. Dann nahm er mich in den Arm und führte mich langsam wieder nach Hause. Manchmal reagiere ich so aber auch mitten in einem Streit. Sobald mein Partner anfängt, etwas lauter zu sprechen, renne ich aus dem Zimmer. Je nachdem wie schlimm es ist, setze ich mich ins Auto und fahre erst mal weg. Bei unserem schlimmsten Streit war ich zwei Tage weg, bis ich mich ihm wieder nähern konnte und wir uns über die Situation ausgesprochen haben. Dabei war es eigentlich eine banale Sache, über die wir uns gestritten hatten. Sein erhöhter Tonfall, den ich als kurz vor Schreien erlebt habe, hatte mich wohl an meinen Vater kurz vor dem Schlagen erinnert, der hat mich da auch immer angeschrien. Sein erhöhter Tonfall hat bei mir meinen ganz persönlichen Fluchtreflex ausgelöst. Ich weiß, dass das eigentlich Quatsch ist und auch unpraktisch, und jetzt auf diesem Hintergrund weiß ich auch, dass in solchen Situationen mein Inneres Kind handelt. Aber es ist gar nicht so leicht, es davon abzuhalten, bei Stress mein erwachsenes Leben noch immer zu steuern. Darüber muss ich mal nachdenken und es dann auch üben."

Beispiel 2:
„Bei uns zu Hause war es nicht üblich, Gefühle zu zeigen. Als ich fünf Jahre alt war, fast sechs, starb meine Großmutter, die ich sehr liebhatte und mit der ich auch viel zu tun hatte, weil meine Mutter gearbeitet hat. Ich konnte viel bei Oma sein. Sie starb wohl an einem plötzlichen Herzstillstand in ihrem Lieblingssessel, was ja aus heutiger Sicht eher schön ist. Für uns war es aber ein Schock. Meine Mama hat sie gefunden und von dem Augenblick an war sie für mich eigentlich nicht mehr ansprechbar. Sie hat alles organisiert und gemacht und getan und ich durfte/musste auch überallhin mit, aber ich hatte das Gefühl, meine Mama ist wie eine Maschine. Immer wenn ich zu weinen anfing, hat sie mich sofort gemaßregelt und gesagt, dass für Tränen später noch Zeit sei, dass wir jetzt stark sein müssten und dass es viel zu tun gäbe. Wir haben meine Oma selbst gewaschen und ihr ihr schönstes Kleid angezogen, aber wir haben dabei nicht geweint, sondern es getan, weil es getan werden muss. Ich habe mich die ganze Zeit gefühlt, als sei mein Herz in einer Zange. Immer, wenn danach jemand gestorben ist, habe ich dieselbe Zange um mein Herz gefühlt und auch heute, obwohl das jetzt über 40 Jahre her ist, habe ich Schwierigkeiten, bei inneren Erschütterungen oder Abschieden zu weinen, und ich habe es auch schwer, mich auf Trost einzulassen, wenn mein Partner mich z.B. in den Arm nehmen will. Eher schaue ich, was es zu tun gibt …"

Wenn ich meine innere Haltung zu Tod und Sterben verändern möchte, lohnt es sich zu erkunden, wo diese herkommt und wie sie in mein erwachsenes Leben hineingewachsen ist. Dazu ist es ein gutes Instrument, mit meiner „inneren Erwachsenen" meine inneren Kindanteile, die in Belastungssituationen manchmal das Ruder übernehmen, zu identifizieren und mich zu fragen, ob ich sie ablegen kann und möchte. Wenn ich es möchte, kann das zum Beispiel in folgenden drei Schritten geschehen:

Schritt 1:
Bevor ich eine Handlungsweise bewusst ablege, kann ich sie zunächst **würdigen**. Für das erste Beispiel hieße das, dass ich mir Folgendes sagen kann:
„Mich bei Schmerz sofort zurückzuziehen und zu verstecken, war mir als Kind oft sehr nützlich, hat mich vor Schlimmerem (Schläge) bewahrt und mir in Stresssituationen geholfen, meine Ruhe wiederzufinden. Ich bin dankbar, dass ich das konnte."
Mit dieser Feststellung würdige ich meine Handlungsweise, die mir als Kind vermutlich viel Kraft abverlangt hat.

Schritt 2:
Im Anschluss kann ich als Erwachsene **wahrnehmen**, **was** mir als Kind in diesen Situationen **gefehlt hat** oder **was ich gebraucht hätte**: „Ich habe mich in solchen Situationen sehr allein und schutzlos gefühlt. Mir hat als Kind ein verständnisvoller tröstender Vater gefehlt, der mir hilft, meine Gefühle zu regulieren, mich hält, wenn ich weine, und den ich sofort aufsuchen kann, wenn ich mich verletzt habe. Mir hat eine Mutter gefehlt, die mich vor den Schlägen meines Vaters beschützt."

Schritt 3:
Wenn ich erkannt und für mich ausgesprochen (oder aufgeschrieben) habe, was mir gefehlt hat, kann ich **darüber** auch heute noch

trauern, mein Inneres Kind innerlich tröstend in den Arm nehmen und auch Tränen darüber vergießen, wie einsam ich als Kind in solchen Situationen war und welch enorme Kräfte ich für meine Selbstregulation aufbringen musste.

Je nachdem wie tiefgreifend die Verletzungen oder Nöte waren, die ich als Kind erlebt habe, bedarf es auch ausführlicherer Würdigung und Wahrnehmung und Trauer.
Ich kann z. B. einen Brief an mein Inneres Kind schreiben, in dem ich als innerer Erwachsener mir selbst klarmache, dass ich mich und meine Situation als Kind wahrnehme, würdige, betrauere, d. h. dass ich mich sehe.
Manchmal ist es auch gut, darüber mit einer vertrauten Person zu sprechen, vielleicht auch mit Geschwistern, falls vorhanden, und zu schauen, ob man, bei aller Einzigartigkeit von Gefühlen und Wahrnehmungen, Ähnliches erlebt hat.
Wenn das Gefühl entsteht, dass der Schmerz über Vergangenes allein kaum aushaltbar ist und dass mich dieser in der Gegenwart trotz meines inneren Lernwillens immer wieder überflutet, gibt es auch die Möglichkeit, psychotherapeutische Hilfe in Anspruch zu nehmen. Wenn solche „Überflutungen" geschehen, hat die Situation in mir traumatische Spuren hinterlassen, für deren Bearbeitung ich Unterstützung brauche, um gesund leben zu können. Hier können unterschiedliche Arten von Traumatherapien helfen, auch solche, die (wie z. B. EMDR[8] und NARM[9] oder Peter

8 EMDR steht für Eye Movement Desensitization and Reprocessing, was auf Deutsch „Desensibilisierung und Verarbeitung durch Augenbewegung" bedeutet. Dr. Francine Shapiro (USA) entwickelte diese Psychotherapieform zur Behandlung von Traumafolgestörungen Ende der 80er-Jahre des letzten Jahrhunderts. Mit der EMDR-Methode können Traumafolgestörungen bei Erwachsenen sowie Kindern und Jugendlichen behandelt werden. In Deutschland wird EMDR etwa seit 1991 angewendet. 2006 hat der wissenschaftliche Beirat für Psychotherapie EMDR als wissenschaftlich begründete Psychotherapiemethode anerkannt.

9 Frühe traumatische Erfahrungen beeinträchtigen unsere Fähigkeit, mit uns selbst und mit anderen in Kontakt zu sein. Auf diese Weise werden unsere Lebenskraft

Levines Somatic Experiencing[10]) damit arbeiten, dass unser Gehirn unsere inneren Bilder in eine zeitliche Struktur bringt, d. h. dass wir wirklich fühlen, dass die gefährlichen oder für uns untragbar schweren Situationen in der Vergangenheit liegen und uns heute nicht mehr einholen können, weil sich unsere Lebensbedingungen signifikant verändert haben.

Denn wirklich weitergehen können wir erst, wenn wir mit unserem gesamten, d. h. auch körperlichen Fühlen gespürt und mit unserem Denken (an)erkannt haben, dass unsere Handlungsmuster und die Wucht unserer Gefühle aus einer vergangenen Situation heraus entstanden sind, die heute ganz anders aussieht und für die wir diese Handlungsmuster nicht mehr brauchen, auch wenn wir an sie gewöhnt sind.

Wenn wir das für uns sagen können, sind wir bereit zu Schritt 4, nämlich dazu, eine innere Vorstellung davon zu entwickeln, wie wir eigentlich in solchen Situationen als Erwachsene sein und handeln möchten – und zwar sowohl, wenn wir von ähnlichen Situationen selbst betroffen sind, z. B. beim nächsten starken Schmerz, dem wir ausgesetzt sind, beim nächsten Abschied, beim nächsten Todesfall, aber auch, wenn wir anderen in diesen Situationen mitfühlend zur Seite stehen möchten.

und Lebendigkeit eingeschränkt, worauf die meisten psychologischen und viele körperliche Probleme beruhen. Das Neuroaffektive Beziehungsmodell (NARM), ein neues therapeutisches Werkzeug zur Traumaheilung, stärkt die Fähigkeit zur Selbstregulierung und ermöglicht die Entwicklung eines gesünderen Selbstbildes. Vgl. Heller, LaPierre (2013).

10 Somatic Experiencing (SE)® arbeitet vor allem mit den körperlichen Reaktionen auf traumatische Erlebnisse. Es wendet sich dabei an das für das Trauma zuständige autonome Nervensystem, welches nicht dem bewussten Willen unterworfen ist.

Für diesen vierten Schritt können wir neue sogenannte „Glaubenssätze erfinden und aufschreiben, um uns unseren Veränderungswunsch möglichst plastisch vorzustellen.

Was sind eigentlich Glaubenssätze? Stefanie Stahl findet in ihrem Buch „Das Kind in dir muss Heimat finden" (2015), folgende Definition:
„Unter einem Glaubenssatz versteht man in der Psychologie eine tief verankerte Überzeugung, die eine Einstellung zu uns selbst (Selbstwert) oder zu unseren zwischenmenschlichen Beziehungen ausdrückt. Viele Glaubenssätze entstehen in den ersten Lebensjahren durch die Interaktion zwischen dem Kind und seinen nächsten Bezugspersonen. Ein innerer Glaubenssatz kann beispielsweise lauten „Ich bin o.k.!" oder auch „Ich bin nicht o.k.!". In der Regel verinnerlichen wir im Laufe unserer Kindheit und unseres weiteren Lebens sowohl positive als auch negative Glaubenssätze. Die positiven Glaubenssätze wie „Ich bin o.k.!" entstanden in Situationen, in denen wir uns von unseren wichtigsten Bezugspersonen angenommen und geliebt fühlten. Sie stärken uns. Die negativen Glaubenssätze wie „Ich bin nicht o.k.!" entstanden dagegen in Situationen, in denen wir uns falsch und abgelehnt fühlten. Sie schwächen uns. (…) Glaubenssätze entstehen zwar in der Kindheit, verankern sich aber tief in unserem Unbewussten. Und so werden sie unbewusst ins Erwachsenenalter als psychisches Programm übernommen. Sie haben einen erheblichen Einfluss darauf, wie wir wahrnehmen, fühlen, denken und handeln" (Stahl 2015).

Aus dieser Art von verinnerlichten, meist unbewussten Glaubenssätzen besteht die mit uns mitgewachsene „Brille", von der ich zu Beginn des Kapitels sprach und über deren Ränder hinauszuschauen nicht einfach ist.

Warum? Weil z. B. aus negativen Glaubenssätzen über mich selbst auch belastende Gefühle wie Hilflosigkeit, Trauer, Angst und Wut resultieren und wir längst Selbstschutzstrategien aufgebaut haben, um diese Gefühle nicht so oft fühlen zu müssen. Eine dieser Schutzstrategien ist der Rückzug, wie sich in Beispiel 1 sehen lässt. Es gibt aber noch andere typische Schutzstrategien wie z. B. Harmoniestreben, Perfektionismus, Angriff und Attacke oder auch Macht- und Kontrollstreben (vgl. Stahl 2015).

Einen solchen Glaubenssatz ihres Inneren Kindes hat die Studierende aus Beispiel 1 selbst wie folgt formuliert:
„Wenn ich physischen oder psychischen Schmerz spüre, muss ich mich schnell zurückziehen, um mich zu schützen."
Als Gefühl, das hinter diesem Glaubenssatz steht, hat sie „Hilflosigkeit" identifiziert und als daraus resultierende Schutzstrategie „Rückzug oder Flucht".
Ein weiterer Glaubenssatz ist für sie:
„Ich bin allein (mit meinen Gefühlen)."
Das Gefühl, das hinter diesem Glaubenssatz steht, hat sie „innere Einsamkeit" genannt und als daraus resultierende Schutzstrategie ebenfalls „Rückzug oder Flucht" identifiziert. Hierbei ist ihr selbst deutlich geworden, dass die Schutzstrategie „Rückzug" bei einem Gefühl von Einsamkeit ziemlich kontraproduktiv ist, weil sich das für sie unangenehme Gefühl durch die Handlung eher manifestiert, als dass es sich auflöst.

In der Ursprungssituation war diese Schutzstrategie nötig und sinnvoll, weil sonst der schlagende Vater ins Spiel kam. Heute, als erwachsene Frau, ist diese Schutzstrategie für sie nicht nur unnötig (der Partner schlägt ja nicht, sondern spricht nur mit erhobener Stimme), sondern kann für eine Situation auch verstörend wirken und diese eher verwirren als lösen helfen. Außerdem manifestiert, wie gesagt, die Schutzstrategie Rückzug das Grundgefühl der Hilflosigkeit angesichts des Schmerzes und den Glaubenssatz „Ich bin allein (mit meinen Gefühlen)“ immer aufs Neue.

Nachdem sie das formulieren konnte, haben wir darüber gesprochen, wie sie sich gern zukünftig in für sie schmerzhaften Situationen verhalten möchte. Und als

Schritt 4
hat sie sich folgende **Haltung für ihre Zukunft** als **Wunsch** notiert:
„Wenn ich traurig bin oder etwas Schmerzvolles erlebe, möchte ich das meinem Partner sagen und mich evtl. auch von ihm trösten lassen. Ich möchte auch vor ihm weinen können. Ich möchte in Zukunft beim Streiten im Raum bleiben und ruhig meine Meinung sagen.“
Zur Unterstützung und inneren Verdeutlichung ihrer gewünschten zukünftigen Haltung hat sie folgende **positive Glaubenssätze** für sich gefunden:
„Ich kann meinen Schmerz zeigen und zulassen, dass ich getröstet werde.“
„Ich darf in jeder Situation weinen, dabei geschieht mir nichts.“
„Ich kann mir nahe Menschen um Unterstützung bitten.“
„Wenn ich es brauche, kann ich sagen, dass ich mich zurückziehen möchte, und es dann tun.“
„Ich kann sagen, dass ich nicht möchte, dass jemand mit erhobener Stimme zu mir spricht. Aber manchmal ist das nicht alltagstauglich, weil ich selbst auch mit erhobener Stimme spreche. Vielleicht kann ich es so formulieren: Wenn mein Partner mit erhobener Stimme zu mir spricht, ist er nicht gefährlich für mich. Er hat mich noch nie geschlagen und wird das auch in Zukunft nicht tun, das weiß ich.“
„Ich kann für mich selbst sorgen, ohne wegzulaufen.“

Auf Beispiel 2 werde ich im Rahmen des nächsten Kapitels noch einmal zurückkommen.

Fazit:
Die **Würdigung (1)**, die **Wahrnehmung (2) dessen, was gefehlt hat oder was ich gebraucht hätte,** und das **Betrauern (3) der vergangenen Situation** und meiner selbst als Kind machen zusammen meine Anerkennung und Annahme der vergangenen Situation aus. Einer Situation, der ich als Kind ausgeliefert war, was ich aber als Erwachsene:r nicht mehr bin. Ich kann mir die damalige Situation aus heutiger Perspektive durch diese drei Aspekte so vergegenwärtigen, dass ich verstehe, wie meine damalige Haltung gewachsen ist und wie sie mein Handeln bestimmt hat.
Wenn ich die vergangene Situation mit der heutigen Situation vergleiche, gewinne ich ein Bewusstsein dafür, dass sich meine Haltungs- und Handlungsmöglichkeiten als Erwachsene:r grundlegend verändert haben und dass ich jetzt für vergleichbare Situationen eine andere Haltung entwickeln kann, auf deren Basis mir dann möglich ist, anders zu handeln.
Zur Vertiefung dieses Bewusstseins kann es mir helfen, meine damaligen Glaubenssätze, Gefühle und Schutzstrategien zu formulieren und auch aufzuschreiben, welche **Haltung und** damit welche **Handlungsmöglichkeiten** ich mir für mich selbst ab heute **für die Zukunft (4)** wünsche. Um diesen Zukunftswunsch zu stärken und zu stützen, kann ich **positive Glaubenssätze formulieren**, die die in der Kindheit unbewusst entwickelten negativen Glaubenssätze nach und nach ersetzen können.

Eine solche Selbst-Ent-Wicklung, d. h. ein bewusstes Sich-Lösen aus den Verwicklungen der eigenen Lebensgeschichte, lohnt sich jederzeit im Leben für alle möglichen Zusammenhänge, in denen wir uns immer gleich verhalten, obwohl wir spüren, dass uns das nicht zuträglich ist, in denen wir spüren, dass unser verletztes Inneres Kind die Führung der Situation übernimmt. Besonders für Liebesbeziehungen und die Erziehung der Kinder kann es sehr erleichternd sein, ein paar der häufigsten und immer wieder ähnlich anstrengenden Situationen auf diese Weise anzuschauen und im Sinne Gerald Hüthers zu ent-wickeln.

Wenn ich mir diese Ent-wicklungsschritte aber bis zum Sterbeprozess vorbehalte, kann das diesen erheblich erschweren:

Herr E. (Anfang 70) kam ca. vier Wochen vor seinem Tod zu uns auf die Station. Zu Beginn war er noch so mobil, dass er eigentlich fast nur draußen im Hof anzutreffen war, wenn nicht gerade eine Behandlung anstand. Er war immer in Bewegung. Bis auf die Physiotherapeut:innen wollte er keinerlei Unterstützung haben. Ärzt:innengespräche mit Diagnosen nahm er hin, ohne irgendeine Frage zu äußern. Musiktherapie, „so ein Quatsch", ging schon gar nicht. Auf die Frage, wie es ihm gehe, antwortete er immer mit „gut", solange er noch laufen konnte. Als das nicht mehr möglich war, antwortete er mit „bescheiden" und war über jede:n Therapeut:in froh, der/die ihn mit dem Rollstuhl in den Hof schob und dort ein wenig mit ihm hin und her ging. Er bekam ab und zu Besuch von unterschiedlichen Angehörigen, die aber kaum mit ihm sprachen, sondern ihm einfach ermöglichten, ein wenig draußen zu sitzen, oder ihn im Rollstuhl auf und ab fuhren.

Einmal fragte ich seinen Neffen, ob Herr E. immer schon so wenig gesprochen habe. Der bejahte das und sagte auch, dass die innerfamiliäre Situation nie einfach gewesen sei, weil Herr E. zwar streiten könne, aber nach einem Streit den außer ihm beteiligten Personen eigentlich nur noch auswich. Zu Familienfesten ging er folglich nicht mehr, auf schwierige vergangene Situationen angesprochen, verließ er unmittelbar den Raum und wurde immer mehr zum Einsiedler. Die einzige Freude, die er hatte, waren lange Wanderungen, zunächst mit dem Fahrrad und später zu Fuß, in der Natur, die er über alles liebte.

Als er bettlägerig wurde, gestaltete sich die Situation täglich als eine Art Kampf. Er wollte einfach nur aus dem Bett heraus, schaffte das aber nicht mehr allein und kletterte mehrfach über die hochgeschobenen Schutzgitter des Pflegebetts, wobei er sich zwar verletzte, aber dennoch nicht aufgab, bis seine Schwester darum

bat, ihm stärkere beruhigende Medikamente zu verabreichen. Doch auch unter diesen Medikamenten hörten der Kampf und der Bewegungswille nicht auf. Das Einzige, was Herr E. noch artikulierte und immer wiederholte, war der Satz: „Ich will raus."
Er war einer der wenigen Menschen, bei denen ich erlebt habe, dass sie bis zum letzten Atemzug kämpften. Sein letztes Wort war „raus". Ihn nach seinem Tod ruhig im Bett liegen zu sehen, rührte seine Schwester, obwohl sie sich ihm, wie sie sagte, nicht nah fühlte, zu Tränen. – „Endlich Frieden" waren ihre Abschiedsworte.

Frau F. (Ende 50), die Älteste von vier Geschwistern, in der Freizeit Dirigentin eines kleinen Orchesters und im Beruf Leiterin eines recht großen Unternehmens, war es fast lebenslang gewohnt, den Ton und die Richtung anzugeben. Das sagte sie auch in ihren Therapien und in Arztgesprächen und war in der Lage zu sehen, dass es ihr deshalb unendlich schwerfiel, „so hilflos in einem Kliniksystem festzustecken, das ich so wenig beeinflussen kann". Ihre Angehörigen, die in wechselnden Konstellationen rund um die Uhr bei ihr waren, waren durchgängig damit beschäftigt, den Pflegerinnen und Pflegern sowie den Ärzt:innen, wenn sie denn auf dem Flur greifbar waren, auszurichten, was noch gebraucht würde, was nicht schmeckte, was ausgetauscht werden müsste, was abgestellt werden sollte, was verändert werden muss, bis die ganze Station „ächzte". Weil Frau F. nicht schlafen konnte und keine Schlafmittel nehmen wollte, blieb die Situation in den Nächten die gleiche. Uns allen war klar, dass nichts davon persönlich gemeint war und alles nur Ersatzhandlungen, um den zunehmenden Kontrollverlust im Sterbeprozess auszugleichen, dennoch musste so viel mehr getan werden, und alles möglichst sofort, dass das Stationsgleichgewicht langsam ins Wanken geriet. Mit ihren Angehörigen ging sie ähnlich um.
Während der Musiktherapie sollte ihre Tochter ihr eines Tages die Haare aus der Stirn binden, damit sie nicht länger störten. Frau F.

konnte das nicht mehr selbst, weil eine einseitige Lähmung sie hinderte, durch die sie ihren linken Arm nicht mehr benutzen konnte. Als das beim vierten Anlauf nicht zu ihrer Zufriedenheit gelang, fuhr Frau F. ihre Tochter derart an, dass diese das Haargummi hinwarf und schrie: „Dann mach's halt selbst, wenn dir nichts gut genug ist!“ Dann rannte sie aus dem Zimmer. Frau F. war zunächst wie erstarrt und sagte leise: „Nichts, nichts geht hier so, wie ich's möchte und wie es für mich gut wäre.“ Dann begann sie zu weinen. Erst leise, dann immer heftiger. Sie weinte und weinte. Ich saß einfach dabei und ließ es geschehen. Als die Tränen verebbten, legte sie sich erschöpft und mit geschlossenen Augen zurück ins Kissen. Als ich aufstehen wollte, um den Raum zu verlassen, weil ich dachte, sie wolle allein sein, begann sie zu flüstern: „Ich kann's doch nicht mehr. Ich kann nichts mehr selbst. Nichts, nichts kann ich mehr kontrollieren. Ich weiß nicht, was ich tun soll, wenn ich nichts mehr tun kann. Ich bin nicht mehr ich. Ich kann nicht mehr.“ Nach einer Weile bat sie mich um ein Taschentuch und darum, dass ich sie etwas aufsetze. Dann begann sie zu erzählen: Ihre Mutter starb, als sie 15 Jahre alt war. Ihre Geschwister waren 13, 10 und 7 Jahre alt und der Vater leitete das Unternehmen, das der Großvater gegründet hatte und das heute sie leitete. Sie hatte damals von einem Augenblick auf den anderen fast alle Rollen übernehmen müssen, die vorher ihre Mutter innehatte. Sie selbst hatte keine Zeit, die Mutter zu beweinen, weil sie ihre Geschwister trösten musste. Neben ihrer eigenen Schulausbildung kontrollierte sie fortan die Hausaufgaben der Kleineren, kochte für sie, wenn sie aus der Schule kamen, bis später eine Art Köchin eingestellt wurde. Sie machte Frühstück und Abendessen, wobei der Vater immer schon um 6 Uhr früh aus dem Haus ging und meist erst nach dem Abendessen wiederkam. Dann hatte er oft noch zu arbeiten und kaum Zeit, sich die Sorgen seiner Kinder anzuhören, geschweige denn mit ihnen zu spielen. Zum Studium der Betriebswirtschaft blieb sie in der Stadt.

Als ihre Klassenkameradinnen sich in alle Winde verstreuten und ein freies Studentenleben genossen, kümmerte sie sich um ihre Geschwister, bis das jüngste das Abitur hatte, und blieb im Elternhaus wohnen, bis dieses auszog. Neben dem Studium her machte sie bereits Praktika im Familienunternehmen. Einzig ihre Liebe zur Musik verschaffte ihr hier und da ein paar freie Stunden, weil sie auch nach dem Tod der Mutter weiterhin Geigenunterricht nahm und weiter im städtischen Jugendorchester spielte und bei dortigen Auftritten mitwirkte. Eine Stunde täglich übte sie Geige und das war die einzige Zeit, in der ihre Geschwister sie nicht stören durften und das auch nicht taten. Ihren Mann hatte sie im Unternehmen kennen- und lieben gelernt und als ihre beiden Kinder kamen, nur sehr kurze Auszeiten genommen. Als Familie hatten sie kaum gemeinsam Urlaub gemacht, weil das Unternehmen nicht alleingelassen werden konnte. Und jetzt würde sie die Rente nicht mehr erreichen.

Nach diesem langen Bericht sagte Frau F.: „Ich hab immer alles geschafft. Ich schaff das, das war so eine Art Mantra in meinem Leben. Mein Vater hat es mir auch immer gesagt: ‚Du schaffst das! Ich bin stolz auf dich.' Und jetzt schaffe ich es nicht mehr und ich weiß nicht, wie ich das anstellen soll. Ich kann doch nicht aufgeben. Was bleibt denn dann?"

Diese Situation war wie ein Tor, das sich öffnete. Die Frage war tiefernst gemeint und ich lud Frau F. dazu ein, mit mir gemeinsam zu schauen, was bleiben würde, wenn sie ginge. Und es gab den Sohn, der das Unternehmen leiten würde mit Unterstützung seines Vaters, und die Tochter, die eine begnadete Musikerin war und damit ihr Geld verdienen konnte. Und es gab drei Enkel, die ihre Oma liebten, und ihre Geschwister, die ihr ihre Dankbarkeit zeigten, Nichten und Neffen, die ihr alle nah waren, und viele Mitarbeiter und Freunde, die Briefe schrieben und Blumen schickten und sich für die Großzügigkeit bedankten, die den Charakter von Frau F. wohl lebenslang gekennzeichnet hatte. Und es gab ihren Mann, der sie liebte und gerade mal einen Nachmittag im Unternehmen nach dem Rechten sah, während er sonst immer an ihrer Seite war. Und es gab tiefe Verbundenheit zwischen diesen beiden Menschen, die gewürdigt werden konnte und Zufriedenheit aufleuchten ließ und Glück. Es gab den Reichtum eines ganzen Lebens.

Am Schluss meines Besuchs, der fast zwei Stunden gedauert hatte, veränderten wir den Glaubenssatz, der sie durchs Leben getragen hatte, gemeinsam im Gespräch und sie schrieb ihn groß auf ein Din-A4-Blatt, das ich ihr festhielt: „Ich muss nichts mehr schaffen. Alles ist gut. Ich kann jetzt gehen. Mein Leben war reich und schön. Danke!"

Von diesem Augenblick an, der dem Mut der Tochter verdankt war, ihrer Mutter die Meinung zu sagen, und dem Mut dieser starken Frau, die Frau F. auch im Sterben war, von diesem Augenblick an gab es keine Beschwerden mehr, Frau F. konnte schlafen und die Situation entspannte sich in alle Richtungen. Das Din-A4-Blatt musste ich mit Magneten an das Magnetboard heften, das bei uns in allen Zimmern hängt, und jede/r der/die eintrat, konnte es lesen und musste lächeln.

Literatur

Ainsworth, M. D. S. (1967): Infancy in Uganda: Infant Care and the Growth of Love. Oxford.

Bolten, Margarete (2019): Klinische Bindungsforschung. In: Schneider, Silvia, Margraf, Jürgen (Hg.): Lehrbuch der Verhaltenstherapie. Band 3: Störungen im Kindes- und Jugendalter. 2. Aufl. Heidelberg, 51–72.

Bowlby, John (1953): Frühe Bindung und kindliche Entwicklung, 8. Aufl. 2021. München u. a.

Bowlby, John (2014): Bindung als sichere Basis. Grundlagen und Anwendungen der Bindungstheorie. 3. Aufl. München u. a.

Bradshaw, John (1994): Das Kind in uns. Wie finde ich zu mir selbst. München.

Brisch, Karl Heinz (2018): SAFE, Sichere Ausbildung für Eltern. Stuttgart.

Chopich, Erika J., Paul, Margaret (1993): Aussöhnung mit dem inneren Kind. München.

Chopich, Erika J., Paul, Margaret (2005): Arbeitsbuch: Aussöhnung mit dem inneren Kind. München.

Heller, Laurence und LaPierre, Aline (2013): Entwicklungstrauma heilen. Alte Überlebensstrategien lösen – Selbstregulierung und Beziehungsfähigkeit stärken. Das Neuroaffektive Beziehungsmodell zur Traumaheilung (NARM). München.

Metz, Christian: Abschied, Abschiedlichkeit (2022). In: Spiritual Care, vol. 11, no. 1, 2022, pp. 84–85. https://doi.org/10.1515/spircare-2019-0113

Müller, Monika, Schnegg, Matthias (2016): Unwiederbringlich. Von der Krise und dem Sinn der Trauer. Göttingen.

Shapiro, Francine et al. (1999): EMDR (Eye Movement Desensitization and Reprocessing). Grundlagen und Praxis: Handbuch zur Behandlung traumatisierter Menschen. Paderborn.

Stahl, Stefanie (2015): Das Kind in dir muss Heimat finden. Der Schlüssel zur Lösung (fast) aller Probleme. München.

Stumpf, Sybille (2020): Die Corona-Pandemie vor dem Hintergrund der Bindungstheorie. Verständnismöglichkeiten und Handlungsimpulse für Erziehende, Lehrende und Personen in der Frühförderung. Handreichung SBBZ Luise von Baden. Neckargemünd, 4–5.

Einschub:
Die Kraft der Imagination

Lebensrückblicke, um die es in den kommenden Kapiteln geht, sind meist mit Emotionen verbunden. Je nachdem, wie tief du dich einlässt, können diese Emotionen dich auch tief ergreifen. In der Traumatherapie gibt es eine Übung, die ich besonders schätze und die ich dir gern für deinen Umgang mit den Emotionen, denen du in deinem Lebensrückblick vielleicht begegnen wirst, an die Hand geben würde.

Ob du sie nutzt, entscheidest du selbst. Es ist meines Erachtens aber wirklich gut, sie zu kennen.

Die Übung heißt „Der sichere innere Ort"[11] und ist von Luise Reddemann, einer bekannten Traumatherapeutin. Ich habe den Text für meine Kurse geringfügig verändert. In der Literaturangabe findest du den Originaltext.

Du machst deinen Lebensrückblick mit deinem erwachsenen Ich, hier und heute aus sicherer Entfernung zu allem, was in deinem Leben bislang geschehen ist. Dennoch wirst du an allen möglichen Stellen deinem Inneren Kind begegnen und dein:e innere:r Erwachsene:r kann mit deinem Inneren Kind in Dialoge treten, die alte Wunden berühren, die vielleicht noch nicht ganz verheilt sind.

Bevor du dich auf diese Reise begibst, ist es gut für dich, zu spüren, dass du, egal wo du dich befindest, im Inneren deiner selbst immer einen sicheren Ort hast. An diesem sicheren inneren Ort kannst du dich entspannen und dich zurückziehen. Hier kann dir nichts zustoßen und nichts zu nahekommen. Diesen sicheren in-

11 Reddemann (2001), 45–46.

neren Ort ganz bewusst zu spüren, kann dir mithilfe deiner Imagination gelingen.

Was ist Imagination?

Seit Jahrhunderten wissen wir Menschen um die Kraft innerer Bilder. Nicht nur in der Psychotherapie, wo schon C.G. Jung Imaginationsverfahren entwickelt hat, um Menschen anzuleiten, in Kontakt mit ihren inneren Tiefen zu kommen und so alte seelische Verletzungen zu heilen, sondern auch in Meditationen, beim Yoga oder in Entspannungsverfahren wie z. B. beim Autogenen Training nutzen wir die Imagination, um den Zustand der Entkopplung von unseren Gedanken, der Entspannung und Erholung zu erreichen.

Wie kann das funktionieren?

„Hierzu hat uns die Wissenschaft (nicht zuletzt die Neurobiologie) in den letzten Jahren viele Erklärungen bzw. Erklärungsmodelle geben können. Nur ganz kurz und vereinfacht dazu: Die Neurobiologen konnten zeigen, dass sich das Gehirn je nach Art und Intensität der Benutzung verändert bzw. sich neu vernetzt. (…) Es konnte gezeigt werden, dass im Gehirn dieselben Neuronenverbände mit nahezu derselben Intensität aktiviert werden – unabhängig davon, ob man eine Situation tatsächlich erlebt oder ‚nur' in der Phantasie erinnert oder erdenkt. Gelingt es mir z. B. intensiv einen Ort vorzustellen, an dem ich mich sicher fühle, dann kann ich in genau diesem Moment auch ein Gefühl von Sicherheit und Geborgenheit spüren (oder zunächst vielleicht nur ahnen). Meist kann man diese Gefühle recht gut in seinem Körper spüren. In diesem Moment verarbeitet das Gehirn die Erfahrung von Sicherheit und Geborgenheit so, als ob ich gerade wirklich an einem sicheren Ort wäre. Dadurch verstärken sich die Neuronenverbände, welche für das Gefühl von Sicherheit verantwortlich sind, und können in einer folgenden Situation leichter aktiviert werden."[12]

Auf diese Weise kann Imagination dazu beitragen, meine Gefühle selbst zu regulieren und bei allem, was ich in mir selbst erforschen möchte, immer nur so weit zu gehen, wie es mir in genau diesem Augenblick möglich ist.

12 Ludwig (2011): Imaginationsübungen – Tipps und Tricks.

Übung:

Der sichere innere Ort (ca. 15–20 Minuten)

Vorbereitung:

- Suche dir einen Ort, an dem du dich wohlfühlst, der bestenfalls gemütlich und warm ist und wo du für eine längere Zeit ungestört sein kannst.
  Am besten trägst du auch bequeme Kleidung.
- Jetzt kannst du dir aussuchen, ob du sehr tief in deine Imaginationskräfte eintauchen möchtest, während du den Text hörst. Dazu legst du dich auf eine Yogamatte oder einen Teppich, in jedem Fall auf einen bequemen Untergrund, und schließt die Augen. Oder ob du nicht so tief eintauchen möchtest. Dann suchst du dir eine bequeme Sitzposition aus und schaust mit den Augen auf einen fiktiven, etwas weiter entfernten Punkt, während du den Text hörst.

Hier im Buch findest du den Text erst einmal in gedruckter Form. Wenn ihr eure Forschungsreise zu zweit oder zu dritt macht, könnt ihr die Übung nacheinander durchführen, wobei je eine/r von euch sie der/dem/den anderen vorliest. Wenn du allein reist, kannst du dir den Text z. B. mithilfe der Diktierfunktion deines Handys langsam und ausdrucksvoll selbst aufsprechen, um ihn dann abzuspielen. Das ist gleichzeitig eine Vorleseübung für den Fall, dass du die Suche nach dem sicheren inneren Ort einmal mit von dir begleiteten Personen einüben möchtest.

Der sichere innere Ort – nach Luise Reddemann

„Entwickele innerlich ein Bild von einem Ort, an dem du dich absolut sicher, wohl und geborgen fühlen kannst. Das kann ein Ort sein, an dem du schon einmal warst … Vielleicht erinnerst du dich an einen Ort, der für dich etwas Besonderes war und der eine

heilende Wirkung auf dich hatte … Es kann aber auch ein Ort sein, den du dir in deiner Phantasie vorstellst, von dem du einmal gelesen hast oder von dem du geträumt hast. In deiner Vorstellung ist alles möglich … Es ist ein Ort, den nur du allein betreten kannst und allenfalls freundliche, hilfreiche Wesen oder Menschen, die du herbeibittest oder rufst. Bleibe wenn möglich zunächst für dich allein.
Lass dir Zeit und begebe dich auf die Suche nach einem solchen Ort … Vielleicht siehst du Bilder … vielleicht spürst du irgendetwas … vielleicht denkst du zunächst auch nur an einen solchen Ort. Lass auftauchen, was auch immer auftaucht, und nimm es an … Sollten bei deiner Suche nach dem sicheren inneren Ort unangenehme Bilder oder Gedanken auftauchen – was schon einmal geschehen kann –, so beachte diese möglichst nicht und gehe einfach weiter. Sei dir gewiss, dass es diesen sicheren Ort für dich gibt und du nur eine Zeit lang geduldig suchen musst. Es kann sein, dass der Ort ganz in deiner Nähe aufzuspüren ist, es kann aber auch sein, dass er sehr weit entfernt irgendwo auf dieser Welt/in diesem Universum oder hinter dem Universum ist …
Mach dir bitte klar, dass dir bei der Suche und Ausgestaltung deines sicheren inneren Ortes alle nur denkbaren Hilfsmittel zur Verfügung stehen, zum Beispiel Fahrzeuge, Werkzeuge, Materialien und alle Arten von magischen Hilfsmitteln …
Wenn du das Gefühl hast, einen Ort gefunden zu haben, an dem du dich wohl und geborgen fühlst, dann gib ihm einen Namen deiner Wahl … Jetzt prüfe, ob du dort wirklich ganz und gar sicher bist und dich wohlfühlst … Schau nach, ob du es dir dort bequem machen kannst. Es ist wichtig, dass du dich vollkommen wohl, geborgen und sicher fühlst … Richte dir deinen sicheren inneren Ort also bitte so ein, dass dies möglich ist … Lass dir Zeit, stell dir das alles genau vor und beschreibe es für dich in deinem Inneren …

Wenn du deinen sicheren inneren Ort gefunden hast und ihn zu deinem völligen Wohlbefinden und deiner Sicherheit ausgestaltet hast, lass dich dort ein wenig nieder und spüre bitte genau, wie es deinem Körper damit geht, an diesem sicheren Ort zu sein … Lass dir Zeit … Was siehst du? … Was hörst du? … Was riechst du? … Was spürst du auf der Haut? … Wie geht es deinen Muskeln? … Wie ist deine Atmung? … Wie geht es deinem Bauch? … Entspricht die Temperatur an deinem sicheren Ort deinen Bedürfnissen? … Wenn nicht, verändere die Temperatur, sodass sie genau für dich passt …
Nimm das alles bitte ganz genau wahr, damit du weißt, wie es sich anfühlt, an diesem sicheren Ort zu sein. Schau dich noch einmal um … höre die Geräusche oder Klänge oder Töne … Atme den Duft deines sicheren inneren Ortes tief ein … Spüre dich dort mit allen Sinnen und bleibe noch einen Augenblick an deinem Ort … Genieße das Wohlgefühl, die Sicherheit und die Geborgenheit, die dir dein Ort gibt …
Damit es dir künftig leichter fällt, an deinen sicheren Ort zurückzukehren, verabrede jetzt mit dir selbst ein Zeichen, mit dessen Hilfe du jederzeit an deinen sicheren Ort gehen kannst. Das kann eine kleine Körpergeste sein, die du oft ausführst, oder eine neue kleine Geste. Es wäre gut, wenn du die Geste jetzt ausführst und gleichzeitig noch einmal intensiv an deinen sicheren Ort denkst … So verknüpfst du in der Vorstellung deinen sicheren Ort mit dieser Geste. Immer wenn du diese Geste machst, kannst du zukünftig sofort an deinen sicheren Ort gehen und ihn spüren … Es ist ein wenig wie Beamen … Spüre jetzt bitte noch einmal intensiv, wie gut es dir an diesem sicheren Ort geht, und komm dann in deiner Geschwindigkeit wieder zurück in den Raum, in dem du dich befindest."

Wenn dir die Übung gefällt, kannst du sie zu Beginn im Alltag öfter mal machen, z. B. in Bus und Bahn, um die Lautstärke abzustellen, oder in der Mittagspause am Arbeitsplatz. Je öfter ich etwas imaginiere, desto deutlicher und stärker wird mein inneres Bild davon und desto unkomplizierter lege ich den „Weg“ dorthin zurück. Auch als Einschlafhilfe bei starkem Gedankenkarussell ist sie erprobt und kann manchmal helfen.

Mit Sterbenden unternehme ich häufig im Krankenzimmer imaginative Spaziergänge, in denen sie Wege, die sie gerne gehen, oder vergangene Situationen, die ihnen gutgetan haben, in großer Intensität imaginieren. Anschließend sprechen wir darüber. Wenn sie in der Klinik Angst vor Untersuchungen oder Behandlungen haben oder Operationen fürchten, üben wir die Imagination vom sicheren inneren Ort in der Therapie und sie erweist sich oft als gute Vorbereitung für unangenehme Situationen oder als Einschlafhilfe für sonst angstvolle Nächte.

Wenn du bei Übungen, die du in diesem Buch durchführst, für dein eigenes Empfinden zu stark mit deinen Emotionen in Berührung kommst, kannst du das, was du gerade tust, stoppen und dich ein paar Minuten mit allen Sinnen an deinem sicheren inneren Ort aufhalten. Wenn du zurückkehrst, wirst du bemerken, dass du noch mal neu entscheiden kannst, wie tief du dich gerade heute auf Erinnerungsemotionen einlassen möchtest.

Am besten führst du diese Übung nun einmal durch, bevor du mit der eigentlichen Biografiearbeit anhand der Lebensspirale beginnst.

3 Vom Reichtum meines Lebens

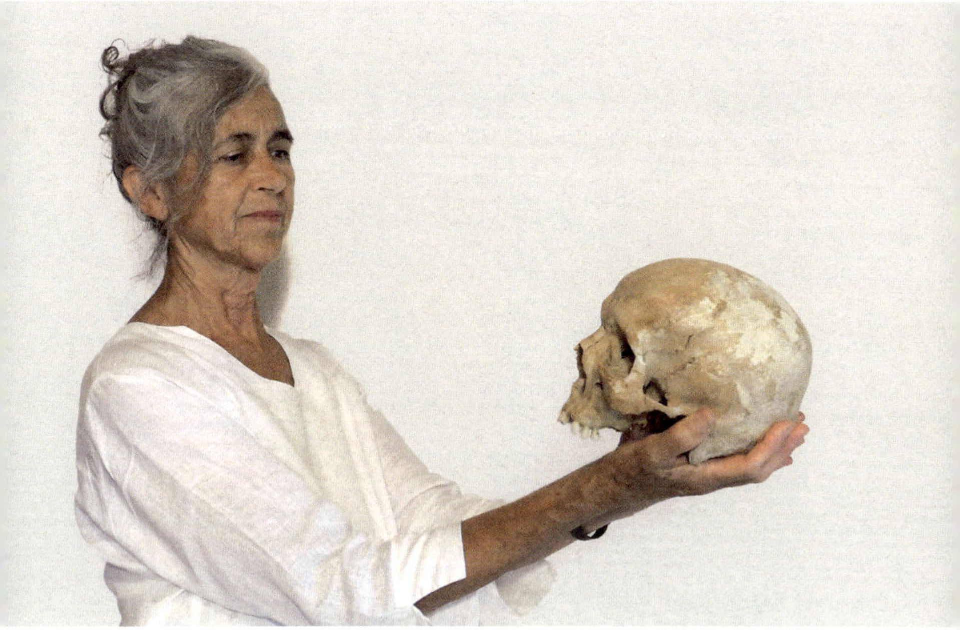

Wie das Erleben bewusster Rückschau unser Selbstverständnis vertiefen kann: Einführung in die Arbeit mit der Lebensspirale

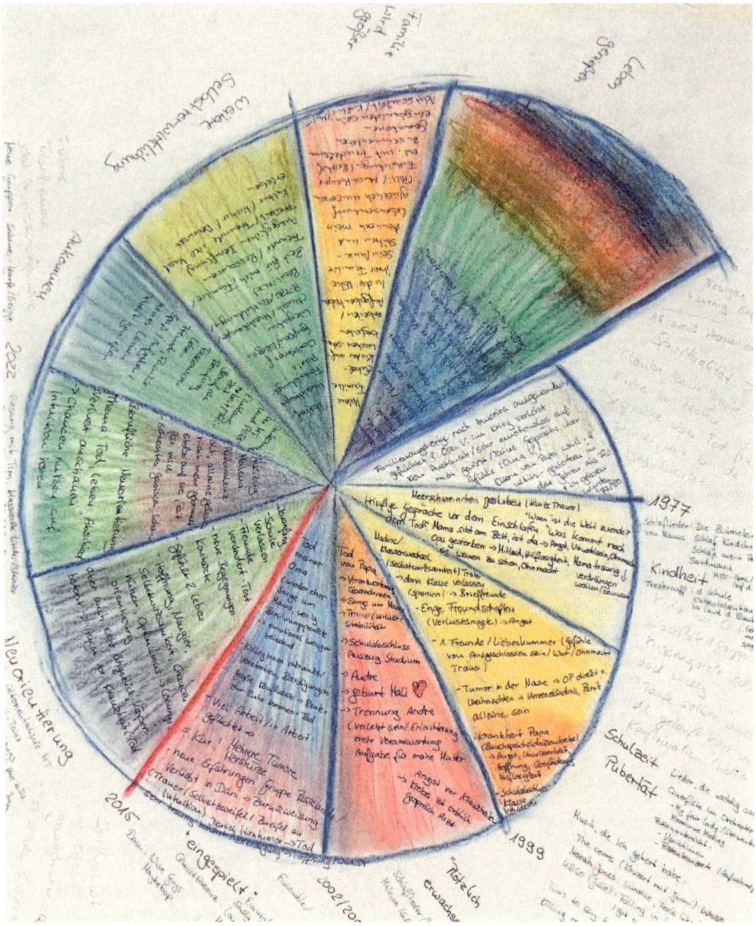

„Warum Lebensrückblick?", fragt die Psychologin Verena Kast in ihrem Buch: „Was wirklich zählt, ist das gelebte Leben": „Lebensrückblick, das klingt zunächst einmal nach Vergangenheit. Damit ist aber keinesfalls gemeint, dass man in der Vergangenheit nur schwelgt oder sie bedauert und damit der Gegenwart und der Zukunft ausweicht. Es geht darum, das gelebte Leben zu würdigen. Als junge Heranwachsende machen wir uns mehr oder weniger bewusst Pläne, wie denn unser Leben so sein sollte. Im höheren Erwachsenenalter fragen wir uns, was aus diesen Plänen geworden ist: Wir sind glücklich und auch etwas stolz auf Gelungenes, auf Erfahrungen, die weit über das hinausgehen, was wir uns einst erträumt haben, wir sind traurig und wehmütig darüber, dass sich einiges nicht realisiert hat. Es geht dabei um das Erinnern des ganzen Lebens, um Scheitern und Gelingen, um den ganzen Reichtum des Lebens. Und schließlich geht es darum, mit diesem Reichtum, der uns auch Kraft gibt, das Leben zum Tode hin gut leben zu können. Biographiearbeit ist nüchtern und respektvoll: es geht nicht um das Glorifizieren der Vergangenheit oder das Starren auf die eigenen Fehler, nicht darum, sich als großartiges Opfer der Umstände zu verstehen, wohl aber darum, das Schwere zu sehen und es durchaus auch zu beklagen: keineswegs aber, um in der Klage stecken zu bleiben, sondern um das Schwierige dann auch hinter sich zu lassen und dabei wahrzunehmen, was dennoch im eigenen Leben möglich war. Bleibt man im Beklagen der Vergangenheit stecken, die man ja nicht mehr ändern kann, kann man sich nicht dem zuwenden, was wirklich war, was einem die Vergangenheit noch ‚sagen' will. Gesucht ist der ruhige Blick, der wahrnimmt, was war – an Gutem und an Schlechtem –, ohne daran festzuhalten. Dann kommt – was immer auch war – der Reichtum des Lebens ins Gespür und Ideen für die Zukunft, so kurz oder lang die auch noch sein mag, blitzen auf. Es gibt in jedem Leben Erfahrungen, die eingekapselt sind, die eingefroren sind und die durch die Erinnerung wieder ins Fließen kommen und die, ins Hier und Jetzt transportiert, Ressourcen für die Zukunft darstellen können" (Kast 2010, Einleitung).

Für eine solche Art von Biografiearbeit braucht es im Grunde keinen Anlass und keinen therapeutischen Kontext. Wir nehmen uns nur selten die Zeit, uns selbst und unser schon gelebtes Leben so umfassend zu betrachten.
In Krisen entsteht dieses Bedürfnis öfter und deshalb findet die Möglichkeit zur Biografiearbeit auch oft Platz in therapeutischen Prozessen oder therapeutischen Ausbildungen.
Im Sterbeprozess erlebe ich die Rückschau immer wieder als großes, vielleicht natürliches Bedürfnis mit dem Ziel der „Sinnsicherung" und damit „Selbstsicherung" in unsicherster Situation:
Wer bin ich eigentlich? Wie bin ich diejenige geworden, die ich jetzt bin? Was ist aus meinen Träumen und Zielen geworden? Was habe ich im Leben geschafft oder geschaffen, in die Welt gebracht, das nach mir weiterleben wird? Was habe ich an Essenziellem erfahren? Was lasse ich zurück? Was bleibt (von mir)? – Aus diesen Fragen entsteht dann die Zukunftsperspektive ganz von selbst: *Wie zufrieden bin ich mit dem, was jetzt (schon) ist? Was möchte ich unbedingt noch tun? Was zu erledigen, zu regeln, zu erfahren, zu lösen, zu bereinigen, zu erleben, zu sagen, aufzuschreiben ist noch von Wichtigkeit, bevor ich für mich selbst stimmig sterben kann?*

Wenn wir diese Art von Forschungsreise aber schon unterwegs ab und zu einmal antreten, können in den Wäldern unseres Lebens Lichtungen entstehen, Plätze zum Verweilen, zum In-der-Sonne-Liegen und Licht-Tanken auf kleinen oder größeren Wiesen der Zufriedenheit, umgeben vom Summen der Insekten und der lebendigen Stille der Natur unserer Seele.

Wir neigen als Menschen oft dazu, das Fehlende stärker wahrzunehmen als das, was bereits da ist – auch in unserer Erinnerung.

Wenn ich mir aber wirklich mal Zeit dafür nehme, auch mitten im Leben rückblickend all das Schöne, das ich erlebt habe, das Unterstützende, Vielfältige, all die Erfahrungen, die mein Herz gleichmäßig oder vor Freude haben höherschlagen lassen, in den Blick zu nehmen, verändert sich meine Wahrnehmung. Ich hetze meinen Zielen nicht mehr blind hinterher, sondern wähle sie sorgfältig aus auf dem fruchtbaren Boden dessen, was schon alles da ist.
Ich entscheide wieder anders, wofür ich meine Lebenszeit, jede Minute jeden Tages einsetzen möchte und wofür nicht. Ich verteile Wichtigkeiten um und lege vielleicht sogar neue Werte fest, nach denen ich mich in Zukunft auch selbst (ein-)schätze.
Auf dem Boden solcher Erfahrungen von Reichtum und Fülle, die (fast) jedes Leben in sich birgt, kann ich auch das Gefrorene und Eingekapselte, das Harte und Traurige und abgrundtief Schwere, das sich in meiner Lebensvielfalt ebenfalls findet, aus meinen Höhlen ausgraben und ans Licht bringen, um es aus nun sicherer Entfernung an einem schönen hellen Ort aus meiner heutigen erwachsenen Perspektive vor-sichtig und rücksichts-voll in den Blick zu nehmen.

Biografiearbeit kann auf hundert verschiedene Arten geschehen. Oft wird sie gedanklich mit einer Art Zeitstrahl verbunden, der von der Geburt bis in die Zukunft reicht. Für die Arbeit in meinen Kursen nutze ich aber das Modell der Spirale bzw. eines Ausschnitts aus einer Spirale. Das soll signalisieren: Mein Leben kommt irgendwoher aus der Tiefe vor Zeit und Raum und geht irgendwohin über Raum und Zeit hinaus. Die Form der spiralisch gedachten Biografiearbeit habe ich von Petra Hugo[13] gelernt und gute Erfahrungen damit gemacht. Schon für C.G. Jung sind innere Erkenntniswege „nicht geradlinig, sondern anscheinend zyk-

13 Trauer-wege-leben.de/fortbildung.html.

lisch, respektive spiralig" (Jung 1972, Bd. 12, 44)[14] und meine Oma, Elfriede Kassner, die laut lachen würde, wenn sie sich in einer Zitatreihe mit Jung wiederfände, hat immer gesagt: „Mädchen, das Leben ist wie eine Spirale, kommste immer wieder an dir vorbei."

Spiralen befinden sich in unserem Kosmos überall. Vom Schneckenhaus bis zum Farnkringel, vom Strudel im Meer bis zur Milchstraße und zum Andromedanebel. Goethe beschreibt das Ursymbol der Spirale im „Westöstlichen Diwan" in seinem Gedicht

Unbegrenzt
Dass du nicht enden kannst, das macht dich groß,
Und dass du nie beginnst, das ist dein Los.
Dein Lied ist drehend wie das Sterngewölbe,
Anfang und Ende immerfort dasselbe,
Und was die Mitte bringt, ist offenbar:
Das, was am Ende ist und anfangs war.[15]

Und nicht zuletzt bedeutet der Wortstamm „spira" lateinisch: „drehen, winden" und ist die Wurzel des Verbs „spirare", atmen. Das Nomen „spiritus" ist ein Atemzug, der Atem des Lebens, die Seele oder auch die Luft, der Wind. So nah ist das Innerste des Menschen mit der Natur verbunden. Vom Atemzyklus zum Zyklus eines Menschenlebens zum Zyklus alles Lebendigen sind wir verwandt und aus dem gleichen Material wie alles, was lebt – eingebunden ins Werden und Vergehen und Werden und Vergehen, das Leben ist.

14 Jung (1972): Der Mensch und seine Symbole.
15 Johann Wolfgang von Goethe: Westöstlichen Diwan. Berliner Ausgabe. Poetische Werke [Band 1–16], Band 3. Berlin 1960 ff, 28–29.

Mit dieser Bedeutungsvielfalt lässt das Modell der Spirale für mich in schöner Weise Anfang und Ende offen und eröffnet gerade damit eine ordnende Sichtweise auf mein Leben. Was genau ich damit meine, kannst du in der folgenden Übung spüren.

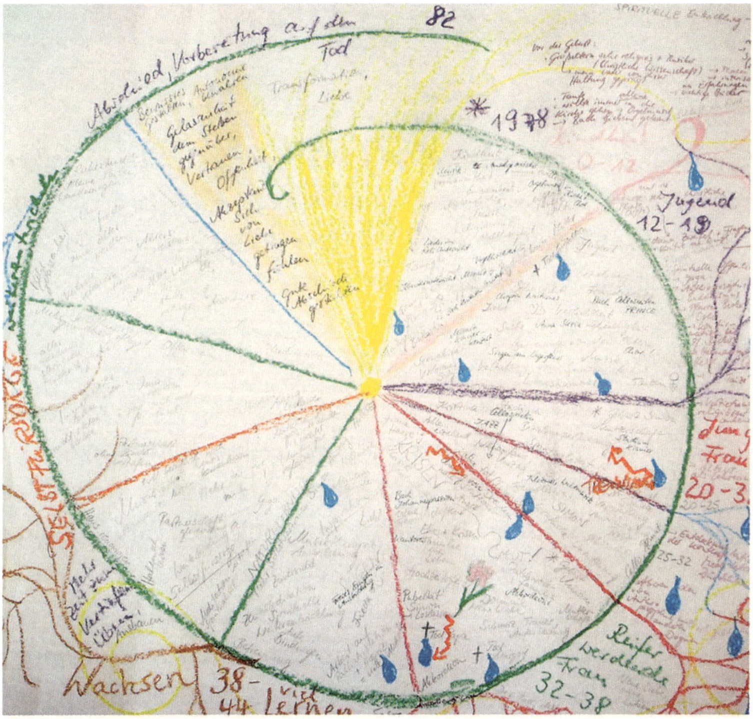

Übung:

Biografiearbeit mit der Lebensspirale[16] (Teil 1) von meiner Geburt bis heute

Betonter Aspekt 1: Der Reichtum meines Lebens

Übung Beginn (ca. 1–2 Stunden)
Die Übung mit der Lebensspirale ist die zentrale Übung deiner Forschungsreise ins Eigene. Sie umfasst drei Schritte. In diesem ersten Schritt erstellst und füllst du deine Lebensspirale vom Augenblick deiner Geburt bis heute.

Vorbereitung:

- Nimm dir ein großes (mindestens DIN A3, besser DIN A2) weißes Blatt Papier. Es kann auch ein leichter Karton sein.
- Außerdem brauchst du einen Farbmarker oder dickeren Filzstift, möglichst unterschiedliche Farbstifte oder Pastellkreiden oder Wachsmaler o. Ä. und auch einen Stift, mit dem du gut schreiben kannst.
- Suche dir nun einen Ort, an dem du während der Übung möglichst ungestört sein kannst. Schalte dein Mobiltelefon am besten aus.
- Wenn du es aushältst, mache die Übung in Stille. Wenn dir das zu anstrengend ist, suche dir eine schöne Hintergrundmusik aus, die eine möglichst meditative Wirkung auf dich hat.

Bitte lies dir alle Schritte erst einmal in Ruhe durch, bevor du beginnst.

16 Biografiearbeit mit der Lebensspirale (Teile 1–4): Vorlage von Dr. Ruthmarijke Smeding (aus Fortbildung Trauerbegleitung 1990), weiterentwickelt von Petra Hugo 1995, weiterentwickelt von Sabine Rachl ab 2014.

1. Teile dein Leben in Phasen auf – Phasen, die du bis zu deinem jetzigen Alter schon erlebt hast.

2. Lass bitte vor deiner Geburt eine Phase (einen Abschnitt) frei. Markiere deine Geburt mit der Jahreszahl am äußeren Spiralrand.
   Wenn du möchtest, schreibe ans sichtbare Ende der Spirale ein vorgestelltes Sterbealter. Markiere den Punkt, an dem du heute stehst, am äußeren Spiralrand.

3. Schreibe Überbegriffe über die Phasen außen an den Spiralrand mit den Lebensjahren (z.B. Kindheit 1–12 Jahre etc.).

4. Schreibe in jede bisher gelebte Phase für dich selbst wichtige Lebensereignisse und/oder Lebensgefühle und/oder wichtige Begegnungen mit Menschen oder Tieren oder Natur oder Kunst etc., die für dich in diese Phase hineingehören (oder/und finde Symbole oder Farben dafür).
   Was ist dir alles „geschenkt worden"? Was hast du dir „erobert"?
   Nimm dir für diesen Aufgabenpunkt viel Zeit und blicke bewusst zurück in jeden Lebensabschnitt.

5. Jetzt ist deine Lebensspirale schon recht bunt und voll. Halte inne und schau sie dir in Ruhe an. Betrachte den Reichtum deines Lebens und lass ihn auf dich wirken. Wenn du willst, füge noch Farben oder Symbole hinzu.
   Schreibe dein aktuelles Lebensgefühl/deine aktuellen Lebensgefühle an den Punkt, an dem du heute stehst.
   Lass dir für diesen Teil der Übung, für das aufmerksame Wahrnehmen der gelebten Vielfalt deines Lebens, viel Zeit.

Betonter Aspekt 2: Umgang mit Sterben, Tod und Trauer

6. Markiere nun am Schluss in jeder Phase für dich selbst deutlich sichtbar, wo du mit Tod (egal in welcher Form, z. B. Sterben von Haustieren etc.), Trennung, Abschied oder Verlust in Berührung gekommen bist und welche Gefühle bei dieser Berührung mit den großen und kleineren Toden deines Lebens im Vordergrund gestanden haben.

Wenn du mit der Arbeit an deiner Spirale fertig bist, lege sie am besten zur Seite und geh spazieren oder lass diese intensive Begegnung mit dir selbst auf eine andere Weise ausklingen, die dir guttut. Du kannst die Spirale auch ein paar Tage liegen lassen, bis du zur Fortsetzung der Übung übergehst.

Übung Fortsetzung (ca. 30–60 Minuten)

Vorbereitung:

1. Suche dir einen ruhigen Ort, an dem du dich wohlfühlst und nicht gestört wirst. Einen Ort, an dem du etwas notieren kannst.
2. Nimm deine Lebensspirale mit an diesen Ort.
3. Nimm dein schönes Heft zur Hand, das du für deine Forschungsreise ausgewählt hast, und einen Stift, mit dem du gerne schreibst.

Nimm nun deine erste Begegnung mit Tod und Sterben oder eine deiner ersten, die in deinen Augen bedeutungsvoll war und die du in der Lebensspirale aufgeführt hast, genauer in den Blick. Sie lag vermutlich in deiner Kindheit oder Jugend, du blickst also weit zurück. Nimm wenn möglich noch nicht deine „schwerste“ Erfahrung.

Erinnere dich so gut und so genau du kannst an dieses Erlebnis und sei in deiner Imaginationskraft ganz nah bei dir als Kind.

Dann mach dir Notizen zu folgenden drei Fragen:

1. Was sind die Gefühle, die du erinnerst? Unterscheide zwischen deinen eigenen Gefühlen und den Gefühlen der Menschen, die dich umgeben haben.
2. Inwiefern haben die Gefühle dieser Menschen deine Gefühle beeinflusst?
3. Was hat dir in dieser Situation als Kind geholfen (das kannst auch du selbst gewesen sein und eine deiner Schutzstrategien), um für dich gut mit ihr umgehen zu können? Oder was hätte dir geholfen? Was hätte dich so unterstützt, dass du keine Schutzstrategie gebraucht hättest?

Im Anschluss eine innere Begegnung ohne Notizen:

Wenn dich andere Menschen in dieser Situation unterstützt haben, kannst du dich innerlich noch einmal bei ihnen bedanken, dass sie dich so gut im Blick hatten. Wenn du dich allein gefühlt hast und du es selbst warst, die sich vielleicht mit einer Schutzstrategie auf irgendeine Art geholfen hat, diese Situation zu durchleben, kannst du dich innerlich noch einmal bei dir selbst, bei deinem Inneren Kind bedanken, dass es diese Situation ausgehalten hat, und gemeinsam mit ihm traurig sein und es innerlich trösten, dass es/du so wenig Unterstützung hatte/hattest.

Innere Begegnung mit Notizen:

Nun wieder als Erwachsene kannst du von heute aus zurückschauen, ob und wenn ja wie deine Erlebnisse und Gefühle in dieser Situation deinen Umgang in künftigen Begegnungen mit Tod und Sterben beeinflusst haben.

Wenn du deinen Blick in die Vergangenheit nach diesem Teil der Übung als ausreichend empfindest, kannst du sie nun für dich beenden. Damit du das Ende auch spürst, kannst du körperlich aktiv werden. Du kannst z. B. aufstehen, dich recken und strecken, etwas auf der Stelle hüpfen und dich mithilfe der Bewegungen aus deiner inneren Situation lösen. Lass dir einfallen, was dir dazu guttut.

Wenn du noch etwas genauer hinsehen möchtest, kannst du auf diese vergangene Situation noch die Begegnung mit deinem Inneren Kind anwenden, die du in Kapitel 2 kennengelernt hast. Mach dir dafür zu folgenden Fragen Notizen:

1. Gibt es einen Glaubenssatz, den die vergangene Situation in dir zurückgelassen hat, d. h. der sich aus den von dir durchlebten Gefühlen gebildet hat? Wenn ja, versuche diesen Satz so genau wie möglich zu formulieren.
2. Gibt es eine Schutzstrategie, die sich aus diesem Glaubenssatz entwickelt hat und die du von diesem Moment an im Umgang mit Tod und Sterben weiter genutzt hast? Wenn ja, versuche diese ebenfalls in Worte zu fassen.
3. Welchen positiven Glaubenssatz/welche positiven, stärkenden Glaubenssätze kannst du dem gefundenen Satz aus deiner heutigen Perspektive gegenüberstellen? Schreibe diesen Satz oder diese Sätze in einer besonderen Farbe in dein Heft, sodass sie dir beim Durchblättern schnell auffallen.
4. Lies dir selbst die positiven Glaubenssätze mehrmals laut vor und spüre, wie sich das für dich heute anfühlt. Gib diesem Gefühl Raum.

Wenn du die Übung nun an dieser Stelle beendest, löse dich, wenn möglich auch bewusst durch Bewegungen aller Art, aus deiner inneren Situation, bevor du wieder in deinen Alltag gehst.

Übung Abschluss (ca. 30–60 Minuten)
Lass nun etwas Zeit verstreichen, sodass das Erlebte sich dahin „setzen" kann, wo es für dich hingehört.
Wenn du dich dazu bereit fühlst, **wiederhole die Übung (vgl. S. 96) mit der für dich bedeutungsvollsten Sterbe- oder Abschiedserfahrung**. Das kann, muss aber nicht, die Erfahrung sein, die du als „am schwersten" bewertest. In der Regel ist es die Erfahrung, die deine heutige Haltung zu Tod und Sterben am tiefsten beeinflusst hat.

Verbinde dich vor dieser Übung wieder gut mit deinem inneren sicheren Ort und bereite eine dir nahe Person darauf vor, sich evtl. im Nachklang der Übung mit dir zu treffen und sich mit dir auszutauschen, wenn du es brauchst. Kreiere eine für dich möglichst hilfreiche und in diesem Sinne schöne Folgesituation.

Wissen: Alles ist nachholbar: Die Kraft der Rituale

Es gibt im Leben immer wieder Situationen, die wir gerne rückwirkend verändern würden, wenn wir es könnten. Besonders schmerzhaft kann das sein, wenn wir Versäumnisse oder Schuld empfinden. Im Zusammenhang mit Tod und Sterben kann das z. B. bei plötzlichen Todesfällen (durch Unfälle, Herzinfarkte, Hirnschläge, unerwartet schnelle Krankheitsverläufe etc.) passieren, bei denen kein wirkliches Abschiednehmen möglich war, obwohl wir den Verstorbenen sehr gern noch so viel gesagt hätten, obwohl wir sie gern geschützt und gerettet hätten.
Ähnliches kann auch für Suizide gelten, bei denen wir oft mit dem Gefühl zurückbleiben, nicht genug gesehen oder getan zu haben, um die Verstorbenen so zu unterstützen, dass sie hätten am Leben bleiben wollen. „Schuld" ist in diesem Kontext im Grunde immer eine nicht objektivierbare (Selbst-)Bewertung. Gerade für Suizide trägt die Verantwortung in der Regel der Mensch, der sich suizidiert, oder eine Krankheit wie Depression oder andere psychische Erkrankungen oder das, was wir mit dem Wort „Schicksal" umschreiben. Ebenso wie jeder erwachsene Mensch die Verantwortung für sein eigenes Leben trägt, gegen Krankheiten oder Schicksal aber meist machtlos ist.

Es geht um Schuld- und Versäumnisgefühle, die bei nahen Menschen zurückbleiben können. Diese können ihr Leben stark beeinträchtigen und sowohl ihre aktuelle Lebensqualität als auch ihren Umgang mit weiteren Todesfällen nachhaltig beeinflussen. Zeitgleich können diese Schuld- und/oder Versäumnisgefühle, die eigentlich eine Art Synonym für mehrere unangenehme Gefühle sind (Angst, Wut, Hilflosigkeit, Trauer, Verzweiflung etc.), die einzige emotional intensive Verbindung sein, die sie zum verstorbenen Menschen noch haben.[17] Sich von dieser Verbindung zu verabschieden kann sehr schwer sein und geht oft nur, wenn gleichzeitig etwas anderes emotional Starkes bleiben und wachsen darf, was manchmal erst in der Rückschau entdeckt werden kann und muss, bevor es im Leben Kraft entwickeln kann.

Wenn du dir bei der Arbeit an deiner Lebensspirale solcher Gefühle gewahr wirst: gefühlt nicht Getanes entdeckst, gefühlt Versäumtes auffindest, was vielleicht als Schutzstrategie deine Emotionen eingefroren oder eingekapselt hat, damit du weiterleben konntest, wenn dir in wichtigen Situationen, die du selbst als unwiederbringlich empfindest, die richtigen Worte gefehlt haben oder der Mut, jemandem vor seinem Tod noch einmal zu begegnen, und wenn du dir selbst nicht verzeihen kannst, dann lohnt es sich meist, das, was du versäumt zu haben fühlst, rituell nachzuholen. Es ist ebenso möglich, eine Verantwortung, die du innerlich übernommen hast und der du in deiner eigenen Bewertung versäumend oder schuldhaft nicht gerecht geworden bist, dem (in diesem Fall verstorbenen) Menschen rituell zurückzugeben, zu dem sie gehört, und sie durch andere lebendige und Leben ermöglichende Erinnerungen an diesen Menschen zu ersetzen. Ziel ist, dass die Erinnerung an diesen nahen Menschen nicht mehr vor allem mit diesen für dich selbst verletzenden Gefühlen verbunden ist, sondern dass du auch die positiven und schönen Erinnerungen wieder fühlen kannst, die dich so im Rückblick noch stärken können.

Wie kann das sein? Weiter vorn habe ich für die Übung vom sicheren inneren Ort die Funktionsweise von Imagination (Einschub vor Kapitel 3) beschrieben. In Studien wurde nachgewiesen, dass im Gehirn dieselben Neuronenverbände mit nahezu

17 Vgl. Paul (2021), 145.

derselben Intensität aktiviert werden, unabhängig davon, ob man eine Situation tatsächlich erlebt oder „nur" in der Fantasie erinnert *oder neu erdenkt*. In diesem Sinne können wir uns selbst einen zeitlich rückwärts gerichteten Heilraum eröffnen, der nachholenden Charakter haben kann. Das können wir alleine tun oder Zeugen hinzuziehen, mit denen wir gemeinsam eine Art Ritual entwickeln.

„Wenn wir uns mit Ritualen befassen, kommen wir mit uraltem Menschheitswissen in Berührung – mit Prinzipien, nach denen Menschen aller Kulturen und Zeiten ihrem eigenen (inneren) Erleben und ihrem Zusammenleben, auch als Teil eines größeren Ganzen, Gestalt gegeben haben. Rituale und symbolische Handlungen haben die Aufgabe, einen machtvollen unsichtbaren Vorgang durch eine sich in der Materie bewegende Handlung zu gestalten (nach Ziriah Voigt) beziehungsweise einen äußeren Vorgang vom rein Pragmatischen in etwas Feierliches zu verwandeln (beispielsweise das Hinaustragen eines verstorbenen Menschen)."[18]

Gesellschaftliche bzw. oft in religiösen Traditionen gewachsene Rituale markieren meist Übergänge des Lebens, wie z. B. die Hochzeit (zwei Menschen, die mitunter schon lange zusammenleben, beschließen noch einmal ganz bewusst und vor Zeugen ein lebenslanges Ja zueinander zu sagen) oder die Beerdigung bzw. Trauerfeier (ein gemeinschaftlich vollzogener persönlicher Abschied von nahen Verstorbenen, der die symbolische Verabschiedung von der Körperlichkeit mit einschließt, indem z. B. der Sarg in die Erde gesenkt wird und Erde und/oder Blumen daraufgeworfen werden).

18 Hugo (2013): Gemeinsam Rituale gestalten, 96.

Rituale haben einen geregelten Ablauf (klarer Beginn, klarer Hauptteil, klares Ende, klare Zuständigkeiten, die vorher ausgehandelt werden) und sind getragen von großer Aufmerksamkeit und hoher emotionaler Beteiligung der Teilnehmenden. Im Mittelpunkt steht ein innerer Vorgang, der durch symbolisches Handeln zum Ausdruck kommt und von den Beteiligten als sinnvoll erlebt wird. „Sie sind Ausdruck von Emotion und Beziehung, d. h. sie lösen Emotionen aus und geben ihnen gleichzeitig Form und Halt. Zeitgleich können auch Beziehungen symbolisch geordnet werden.“[19]
Mithilfe von Ritualen kann etwas sichtbar gemacht werden, was innerlich geschieht. Durch ihre auch zeitliche Struktur gliedern sie einen inneren Prozess und schaffen so einen (aus-)haltbaren Rahmen für komplexes und tiefes inneres Übergangsgeschehen, mit einem klar definierten Ende, um wieder in den Alltag wechseln zu können.

Joseph Campbell, ein amerikanischer Mythenforscher, weist darauf hin, dass Rituale das Leben nicht nur an der Oberfläche, sondern auch in seiner Tiefe ordnen können.[20]

Was ist damit gemeint? In unserem Kontext verstehe ich das wie folgt: Wenn ich ein nachholendes Ritual erfinde, verbinde ich meine Trauer und Hilflosigkeit über Versäumtes mit meiner aus dem an das Ereignis anschließenden Leben gewachsenen Erkenntnis, dass und wie ich es hätte anders machen können, zu einer Art rückwirkenden Erweiterung meiner Möglichkeiten. Diese kann in meinem Inneren das nachträglich gelebte Leben mit dem versäumten Lebensaspekt auf eine fühlbare Weise versöhnen. Manchmal ist das etwas sehr Privates und ich möchte es

19 Alsheimer, Schulte (2006): Die Kraft der Rituale.
20 Von Weltzien (1997), 8. Alsheimer, Schulte (2006).

nur mit mir und für mich selbst tun. Manchmal gewinnt es auch für mich an Wert und an Wirklichkeit und Tiefe, wenn ich ein solches Ritual gemeinsam mit mir nahen Menschen erfinde und durchführe.

Über Rituale gibt es viele Bücher und Theorien. Die, die ich hilfreich finde, wenn man sich in die Thematik vertiefen möchte, gebe ich am Ende dieses Kapitels im Literaturverzeichnis an. An dieser Stelle aber geht es mir mehr um eine Art „Gebrauchsanweisung“ dafür, wie wir für uns selbst nützliche Rituale allein oder mit Zeugen selbst erfinden können.
Die Ausbilderin in der Trauerbegleitung, Petra Hugo, von der ich an verschiedenen Stellen dieses Buches erzähle, hat die Aspekte eines Rituals in ein Schaubild gefasst, das ich zum Verständnis dessen, was ein Ritual beinhaltet und wie es ablaufen kann, als äußerst hilfreich empfinde:

Ritualgestaltung – Zyklischer Ablauf

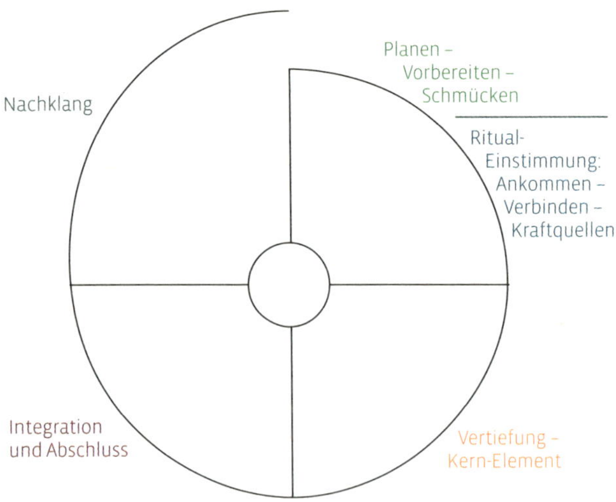

Wesentliche Aspekte

Stimmigkeit der Absicht und des Zeitpunkts

Wenige wesentliche Ritualelemente

Ausgewogenheit zwischen Sein und Tun

Zwischenräume und Übergänge einplanen:

Stille und Nachklang

Gestaltung des Raumes

Leitung und Zeitwacht – Haltung – Transparenz

Flexibilität für Ungeplantes

Zu-Ende-Bringen aller Vorgänge – Versorgung der Symbole

Die Gestaltung als Ausschnitt aus einer Spirale zeigt auch hier wieder, dass ein Ritual als bewusster Schritt im Jetzt erlebte Vergangenheit mit noch zu erlebender Zukunft verbinden kann.
Anstatt nun weiter theoretisch Abläufe und Inhalte zu erklären, möchte ich anhand zweier Geschichten aufzeigen, wie solche nachholenden Rituale wirken können. Ich unterteile die Geschichten sichtbar (nachträglich) in den von Hugo vorgeschlagenen Ablauf eines Rituals.

Geschichten

Ausgangsereignis 1

Als ich Studentin war, hat sich ein ziemlich junger Mitstudent, den ich recht gut kannte und der zu meiner erweiterten Peer-Group gehörte, das Leben genommen. Wir waren entsetzt und erschrocken und hilflos und ohnmächtig, wurden von der Familie mehr oder weniger beschuldigt, dass wir seinen Zustand hätten bemerken und etwas tun müssen, und waren vermutlich auch deshalb von seiner Trauerfeier ausgeschlossen, die im engsten Familienkreis in seiner Heimatstadt stattfand. Einige von uns wurden von der Polizei befragt. Wir befanden uns in einer Art Schockzustand und hatten außer uns selbst keine Ansprechpartner.

Planen und Vorbereiten

Weil wir irgendetwas tun mussten, beschlossen wir, am selben Tag, an dem seine Beerdigung stattfand, ein eigenes Abschiedsritual für ihn zu gestalten, abends am Lagerfeuer am See, wo wir so gerne zusammengesessen hatten. Bis dahin, so verabredeten wir, würde jede/r von uns aufschreiben, was wir ihm noch sagen wollten und was uns sonst noch einfällt, und wir würden mitbringen, was uns an ihn erinnert und was wir ihm noch geben wollten und was immer wir als verbindend empfanden.

Ritual-Einstimmung: Ankommen, Verbinden, Kraftquellen

Als wir alle angekommen waren und das Feuer entzündet hatten, übernahm sein bester Freund eine Art von Leitung unseres Treffens. Er fragte erst einmal, was wir alles mitgebracht hätten. Das ging von Texten, Briefen, seiner Lieblingsmusik, über sein Lieblingsbier, einzelne Kleidungsstücke, die wir noch hatten und die ausgeliehen waren, bis zu einem Turnschuh und Fotos, auf denen wir gemeinsam zu sehen waren. Eine kunterbunte Sammlung. Wir einigten uns auf eine Art Abfolge unseres Rituals, das wir „Goodbye Simon“[21] nannten.

Vertiefung – Kernelement

Der „Ritualleiter“ begann damit, einen langen Brief an Simon vorzulesen, den er in den vergangenen Tagen geschrieben hatte. Er fühlte sich auch ohne die Vorwürfe der Eltern auf eine Art mitschuldig an Simons Suizid, weil er nichts, aber auch gar nichts bemerkt hatte – wie wir eigentlich alle. Danach gab es eine Stille und wir spielten eins von Simons Lieblingsstücken über Ghettoblaster: „Stayin Alive“ von den Bee Gees. Während des Songs ließen wir unseren Tränen freien Lauf, umarmten uns auch gegenseitig, fühlten unseren Schmerz und auch, dass wir nicht allein waren. Im Anschluss ergab es sich wie von selbst, dass erst einmal jede/r von uns sich bei Simon für all das entschuldigte, was wir glaubten, nicht gesehen zu haben. In Erinnerung sind mir Sätze wie „Bitte verzeih mir, dass ich nicht gefühlt habe, wie einsam du bist!“, „Bitte entschuldige, dass ich oft nicht genauer nachgefragt habe, wenn du mir etwas Schwieriges erzählt hast“, „Es tut mir leid, dass ich nicht mit dir in den Urlaub fahren wollte. Das hatte nichts mit dir persönlich zu tun, nur damit, dass meine Freundin mit mir allein sein wollte. Wenn wir gewusst hätten, wie es dir geht, hättest du auf jeden Fall mitkommen können“ etc.
Es fühlte sich an, als ob er uns wirklich hören könnte, als würden wir real mit ihm sprechen, obwohl wir natürlich wussten, dass das nicht so war. Trotzdem war er irgendwie „da“ und wir spürten, dass das, was wir taten, bedeutungsvoll war – für uns und für ihn. So fühlte es sich an. Nachdem all das ausgesprochen war, hörten wir noch einmal Musik, das Stück erinnere ich nicht mehr.

21 Simon ist nicht sein richtiger Name.

Dann begann sein bester Freund eine Runde damit, auszusprechen, was er alles gut an Simon fand und was ihm fehlen würde. Wir schlossen uns fast alle an, manche konnten auch nicht sprechen, und das war o.k. Weil wir unbewusst fast alle am Schluss unserer Worte das aufgezählt hatten, an das wir uns immer erinnern wollten (sein Lachen, seine lauten Rülpser, seine Feinfühligkeit, seine Umarmungen, seine krassen Texte etc.), spielten wir am Ende der Runde noch einmal „Stayin Alive" und sangen diesmal den Refrain halblaut und immer lauter werdend mit.
Dann hatte sein Freund die Idee, dass diejenigen, die möchten, die Briefe und Dinge, die sie für ihn und von ihm mitgebracht hatten, ins Feuer werfen könnten und wir dann im Anschluss mit dem Ruderboot „seine Asche" auf dem See verteilen könnten. Erst gab es eine kurze Diskussion, aber dann waren wir einverstanden. Zwei wollten ihre Erinnerungsstücke behalten, aber als klar war, dass auch das geht, waren auch sie einverstanden.

Integration und Abschluss

Die Verbrennung fand ohne Worte statt, aber im Hintergrund ließen wir das „Stayin Alive" immer wieder leise weiterlaufen. Dann blieben wir gemeinsam in Stille sitzen, bis das Feuer ganz ausgegangen war. Die Dämmerung brach schon herein und wir sammelten die Asche in alle möglichen kleinen Gefäße. Den Großteil löffelte sein bester Freund in eine leere Zigarrenkiste und fuhr mit zweien von uns in dem Ruderboot auf den See hinaus, um diese dort auszukippen. Fast jede/r von uns nahm sich etwas Asche und wir gingen einzeln oder zu zweit an all die Plätze, an denen wir gute Erinnerungen hatten, und verstreuten „seine Asche" unter großen Bäumen, unter dem Klettergerüst des alten Kinderspielplatzes und an vielen anderen Orten.
Im Anschluss trafen wir uns wieder um den Ascheplatz herum und stellten uns in einen Kreis, wobei die nebeneinanderstehen-

den Personen jeweils die Arme umeinander legten. Noch einmal riefen wir laut „Goodbye Simon!".

Nachklang

Dann verließen wir den See und gingen in unsere Lieblingskneipe, wo wir uns bei Bier und Wein Schönes und Trauriges erzählten und beschlossen, in diesem ersten Jahr jeden Monat einmal ein Seelagerfeuer zu machen und „mit Simon zu sprechen".
Das haben wir auch getan, und meist waren wir vollständig anwesend. Wir behielten uns gut im Auge über dieses Jahr, und wenn jemand von uns zu traurig wurde, sprachen wir darüber und unternahmen etwas gemeinsam. Zu seinem Jahressterbetag sind wir dann fast alle zusammen an sein Grab gefahren und haben Kerzen aufgestellt.

Damals hat das Ritual uns durch unser Gefühlschaos getragen und uns Halt gegeben. Es gab nichts, was verschwiegen werden musste, alle konnten alles aussprechen, auch ihre Zweifel, Ängste und Versäumnisse, ohne dass wir uns gegenseitig beurteilten. Die Schuldgefühle verblassten langsam, auch unsere Tränen wurden seltener. Simons starke und zarte Seiten, die uns mit ihm verbanden, traten immer mehr in den Vordergrund.
Das „Handwerkszeug" zum Entwickeln von individuellen Ritualen habe ich seitdem in meinem Herzkoffer, lange bevor ich dazu etwas Theoretisches gelesen habe.

Ausgangssituation 2

Herr G. kam in seinen 80ern zu uns auf die Station, etwa 14 Tage vor seinem Tod. Auf meine Frage, wie es ihm gehe, sagte er bei unserer zweiten Begegnung, dass er Angst habe, einfach Angst. Und zwar gerade, weil er religiös sei und an ein Leben nach dem Tod glauben würde. Ich bat ihn darum, zu erklären, wie er das meinte.

Er erzählte, dass er einen Zwillingsbruder gehabt habe und dass sie beide sehr verbunden gewesen seien. Innerlich, aber auch in ihrem Tun. So seien sie beide gute Skifahrer gewesen und hätten als junge Studenten in den 60er-Jahren Skitouren für Tourist:innengruppen geleitet. Kurz nach ihrem 21. Geburtstag hätte sein Bruder eines Morgens spontan eine Gruppe für ihn übernommen, weil er in der Nacht zuvor zu viel getrunken hatte (seine Wortwahl: „Ich war ein dummer Suffkopp, so ein dummer, dummer Suffkopp!"). An diesem Tag gab es ein Lawinenunglück, bei dem sein Bruder und noch zwei Touristen ums Leben kamen. Seine Eltern hatten danach fast zehn Jahre kein Wort mit ihm gesprochen, nachdem klar war, warum nicht er die Tour geleitet hatte. Er sei immer der Vorsichtigere gewesen, ihm wäre bestimmt nichts passiert, hatten sie ihm vorgeworfen. Seitdem trug er diese Schuld mit sich herum und immer mal wieder hätte sie ihn eingeholt und er wäre in Depressionen versunken, bis das Leben ihn wieder herausgeboxt hätte. Herr G. hatte Frau, Kinder und Enkel und war ein glücklicher Mann, wie er selbst sagte. Aber im Hintergrund habe er immer das Gefühl gehabt, er sei das „auf Kosten seines Bruders" und habe deshalb dieses Glück eigentlich gar nicht verdient.
Und jetzt würde er ihm vor seinem Herrgott wieder unter die Augen treten und er wüsste einfach nicht, was er sagen solle, so sehr würde er sich vor dieser Situation fürchten. „Im Leben konnte ich weglaufen und wegschauen und mich wegdenken – im Himmel kann ich das nicht mehr, das weiß ich. Was soll ich bloß tun?"

Planung und Vorbereitung

Ich fragte ihn, ob er wirklich nicht wisse, was er ihm sagen wolle. Er habe ja gerade schon vieles ausgesprochen, was eigentlich an seinen Bruder adressiert sei. Das war ihm gar nicht bewusst gewesen und ich fragte ihn, ob es ihm helfen würde, wenn wir das, was er gesagt hatte, in einfachen Sätzen aufschreiben würden. Er

stimmte zu, legte aber fest, dass ich schreiben solle, weil er das in seinem Zustand nicht mehr so gut könne. Ich holte Papier und Stift und wir formulierten aus seinen Aussagen eine Art Brief an seinen verstorbenen Bruder:
Lieber Bruder (hier stand der Name),

- Es tut mir so leid, dass du gestorben bist!
- Wenn ich die Gruppe geleitet hätte, könntest du noch leben.
- Wenn ich das geahnt hätte, hätte ich am Abend vorher nie so viel getrunken.
- Mein ganzes Leben habe ich mir selbst Vorwürfe gemacht.
- Manchmal war es schwer für mich, glücklich zu sein, weil ich immer ein schlechtes Gewissen dir gegenüber hatte.
- Es wäre so schön, wenn du auch glücklich sein könntest.
- Ich habe dich immer vermisst.
- Ich liebe dich sehr, immer noch, das hört nie auf.
- Du gehörst doch zu mir, wir sind ja Zwillinge.
- Es tut mir so leid, dass du so früh gestorben bist.

An dieser Stelle druckste Herr G. noch ein wenig und sagte, eigentlich würde er noch etwas hinzufügen wollen, sich aber nicht trauen. Ich sagte ihm, das könne er ja auch im Stillen ganz für sich tun, ohne dass wir es aufschrieben, und er stimmte zu.
Als wir fertig waren, fragte er, was denn jetzt mit dem Brief geschehe? Er könne ihn ja nicht mitnehmen oder abschicken. Er habe aber das Gefühl, dass noch etwas geschehen solle.
Ich fragte ihn, ob er den Brief, z. B. in Anwesenheit seiner Frau, seinem Bruder einmal „von hier aus" laut vorlesen wolle? Er überlegte eine ganze Zeit, dann fragte er: „Weil es dann wirklicher wird?", ich nickte. Er schloss die Augen und fragte mich, ob ich am nächsten Tag wiederkommen könne, wenn seine Frau da sei, und ob ich ein bestimmtes Musikstück („Seasons of my Heart" von Johnny Cash) für ihn heraussuchen könne, weil ich doch Musiktherapeutin sei. Ich stimmte zu und gab ihm den Brief, den er

faltete und in seiner Nachttischschublade verstaute. Wir vereinbarten eine Zeit für den Folgetag.

Ritual-Einstimmung: Ankommen, Verbinden, Kraftquellen

Als ich am folgenden Tag hereinkam, stand ein frischer Blumenstrauß auf Herrn G.s Nachttisch, neben dem Strauß stand ein altes Foto mit zwei jungen Männern, die sich sehr ähnlich sahen. Herr G. hatte seine Frau abends angerufen und sie darum gebeten, beides mitzubringen. Der Strauß war für seinen Bruder, das hatte er ihr am Telefon gesagt, und es sollten bunte Rosen sein. Außerdem wollte er, dass sie ein bestimmtes altes Foto heraussuchte, das ihn mit seinem Bruder in Skimontur zeigte.

Frau G. war ein wenig unsicher, wie sie die Situation finden sollte. Ihr Mann sei sehr aufgeregt und habe heute schon viel geweint und der Strauß sei teuer gewesen. Sie habe lange gebraucht, um das Bild zu finden, und das alles wegen seines verstorbenen Bruders, den sie nicht einmal gekannt habe.

Herr G. nahm ihre Hand, sah sie an und sagte zu ihr: „Aber mir ist das wichtig!" Schließlich nickte sie. Er fragte mich, ob ich das Lied gefunden hätte, und freute sich sichtlich, als ich bejahte. Er habe in der Nacht kaum geschlafen und er habe sich ausgedacht, dass wir zuerst alle gemeinsam das Lied anhören würden. Dann wolle er den Brief laut vorlesen und im Anschluss sollten wir das Lied noch einmal gemeinsam anhören. Es sei das Lieblingslied seines Bruders gewesen, das er nach seinem Tod nicht mehr habe hören können, und heute hätte er schon so viel geweint, weil er daran gedacht habe, wie es sein würde, es wieder zu hören.

Frau G. fragte ihren Mann, ob sie während des Liedes seine Hand halten dürfe. Sie würde sich in dieser Situation ein wenig unwohl fühlen, weil er so sehr bei seinem Bruder sei, und wolle ihn spüren. Herr G. stimmte zu, sagte aber, dass er beim Vorlesen des Briefs „allein", also „einzeln" sein wolle. Dann nickte er mir zu und sagte, ich könne das Lied nun abspielen.

Vertiefung – Kernelement

Während wir das Lied über einen kleinen Bluetooth Lautsprecher in recht guter Qualität gemeinsam hörten, liefen Herrn G. die ganze Zeit Tränen übers Gesicht. Er hielt die Hand seiner Frau. Als diese ihm aber ein Taschentuch geben wollte, schüttelte er heftig den Kopf. Erst als das Lied verklungen war, nahm er das Taschentuch, schnäuzte sich, setzte sich im Bett gerade auf und nahm den Brief zur Hand. Laut und deutlich las er ihn vor und als er am Ende des Textes angekommen war, setzte er noch hinzu: „Und weißt du was, ich freue mich unendlich, dich wiederzusehen. So sehr!"

Dann nickte er mir wieder zu, nahm die Hand seiner Frau, die nun auch weinte, und wir hörten den Song noch einmal gemeinsam.

Integration und Abschluss

Im Anschluss hielt sich das Paar mit beiden Händen fest und ich fragte, ob ich sie nun allein lassen dürfe. Frau G. schüttelte den Kopf und sagte, dass ich verstehen müsse, sie hätten im Leben nie über den Tod des Bruders gesprochen, auch nicht in den traurigen Zeiten, wenn Herr G. so in sich zurückgezogen gewesen sei. Das sei nun etwas ganz Neues und deshalb sei sie so erschrocken gewesen. Ich fragte sie, wie sie sich denn jetzt fühle, und sie sagte, dass sie irgendwie erleichtert sei, dass das nun ausgesprochen sei. Herr G. küsste ihre Hand und die Tränen liefen wieder. Dann bedankte er sich herzlich und sagte leise, er habe jetzt keine Angst mehr, im Gegenteil. Er habe das Gefühl, sein Bruder habe seine Worte schon gehört und irgendwie sei das Lied wie eine Brücke, über die er jetzt bald gehen würde, und er freue sich so sehr, bald wieder vollständig zu sein.

Nachklang

Er äußerte den Wunsch, dass er das Lied immer hören könnte, wenn ich da sei. Ich schlug vor, dass sein Sohn ihm das Lied auf CD mitbringe und ich ihm einen CD-Player ausleihen würde, sodass er es hören könne, wann immer er wolle. Das geschah bereits am nächsten Tag.

Als Herr G. mehrere Tage später gestorben war, lag der Brief auf seinem Bauch und seine Frau und seine beiden erwachsenen Kinder hörten den Song noch ein letztes Mal an seinem Totenbett, bevor sie mir den CD-Player zurückgaben. Der Sohn sagte beim Abschied, dass sie es auch bei der Trauerfeier spielen würden und Herr G. sich gewünscht habe, dass das Foto von ihm und seinem Bruder vergrößert werden solle und bei seiner Beerdigung in der Trauerhalle aufgestellt werden solle. So geschah es.

Nachklang zum Wissensaspekt

Wie viel Erleichterung hätte es in das ganze Familiensystem gebracht, was wäre alles ins Fließen gekommen, wenn Herr G. dieses kleine Ritual oder ein ähnliches schon viel früher für sich gefunden hätte? Wenn er den in sich eingekapselten „Kontakt" zu seinem verstorbenen Bruder schon vor oder in seiner Lebensmitte wieder hergestellt hätte? Hätte er überhaupt depressive Phasen gehabt? – Niemand weiß das.

Nachklang zur Übung

Wenn du bei der Erstellung deiner Lebensspirale eine Situation gefunden hast, die dich in ähnlicher Weise beschäftigt wie die beschriebenen, nimm dir die Zeit, ein nachholendes Ritual zu erfinden. Tu das, so wie du es brauchst, entweder allein für dich oder mit dir nahen Menschen. Nimm dir alle Zeit, die du brauchst.

Notiere im Anschluss in dein Forschungsheft, wie du dich nach diesem Ritual fühlst und was es in dir verändert hat.

Literatur

Alsheimer, Martin, Schulte, Ottilie (2006): Die Kraft der Rituale. Definition, Funktionen, Phasen, Beispiele im Kulturvergleich. Palliative Care. Waldems-Esch, 1–13.

Brinkmann, Tanja M., Möllers, Jan, Paul, Chris (2021): Schuldvorwürfe in der Palliativversorgung neu verstehen. In: 10.1055/a-1363-6356 Z Palliativmed 2021/22, 139–145. Stuttgart.

Dücker, Burkhart (2007): Rituale. Formen – Funktionen – Geschichte. Eine Einführung in die Ritualwissenschaft. Stuttgart/Weimar.

Grützner, Felix (2013): Trauer und Rituale – Ordnende Kraft in Krisenzeiten. In: Müller,

Monika, Brathuhn, Sylvia, Schnegg, Matthias (2013): Handbuch Trauerbegegnung und -begleitung. Theorie und Praxis in Hospizarbeit und Palliative Care, Göttingen, 154–160.

Hugo, Petra (2013): Gemeinsam Rituale gestalten. Ritualplanung zu Verlust, Übergang, Tod und Trauer. In: Leitfaden, Heft 1/2013. Göttingen, 96–100.

Jung, C. G. (1972): Der Mensch und seine Symbole. Olten und Freiburg.

Ludwig, Ulrike (2011): Imaginationsübungen – Tipps und Tricks. www.ludwig-ulrike.de

Paul, C., Sanneck, U., Wiese, A. (2003): Rituale in der Trauer. Hamburg.

Reddemann, Luise (2001): Imagination als heilsame Kraft. Stuttgart.

Voigt, Ziriah (2012): Ritual und Tanz im Jahreskreis. Hamburg.

Lektüreempfehlungen

Altenberg, Moja E. (2020): Weise Frauen auf Trauerwegen. Ein Trauerbegleitbuch. Vamburg.

Hugo, Petra (2012): Trost finden beim Gestalten des Abschieds. Bingen, IGSL.

Palm, Gerda (2001): Jetzt bist du schon gegangen, Kind. Trauerbegleitung und heilende Rituale mit Eltern früh verstorbener Kinder. München.

Paul, Chris (2013): Schuld Macht Sinn. Arbeitsbuch zur Begleitung von Schuldfragen im Trauerprozess. Gütersloh.

Paul, Chris (2018): Warum hast du uns das angetan? Ein Begleitbuch für Trauernde nach einem Suizid. Völlig überarbeitete und ergänzte Neuauflage. Gütersloh.

Pauls, Christa (2007): Rituale in der Trauer. Hamburg.

Wenzel-Kassmer, Antje (2023): Und plötzlich steht die Welt still. Sterneneltern mit Symbolen und Ritualen begleiten, Ostfildern.

4 Das Erbe meiner Vorfahren

Einstimmung

Meist haben wir eine ungefähre Ahnung von unserer familiären Geschichte. Oft gibt es Erinnerungen an (oft wiederholte) Erzählungen unserer Eltern und Großeltern, die auf die eine oder andere Weise unser Lebensgefühl von Kindheit an geprägt haben.

Sind deine Eltern oder Großeltern oder Urgroßeltern in anderen Städten oder gar Ländern geboren? Welche großen Abschiede und Lebensreisen haben sie hinter sich gebracht, damit du genau an dem Ort deiner Geburt zur Welt kommen konntest?
Sind sie freiwillig gereist oder haben Trennungen oder Kriege oder finanzielle Notwendigkeiten sie zum (Aus-)Wandern gezwungen? Welche manchmal erschütternden Lebensereignisse haben ihre Leben geprägt?

Vielleicht hast du noch eine Erinnerung an deine Uroma oder Ticktack-Oma oder an Erzählungen deiner Großmütter oder Großväter über ihre Mütter oder ihre Väter, über ihre Kindheiten, über die Orte, an denen sie aufgewachsen sind, über die Schätze und die oft in sprechendem Schweigen gefangenen Geheimnisse ihrer Erfahrungen und damit der Erfahrungen deiner Familie?

Die folgende Übung lädt dich zum Erforschen deiner Wurzeln ein, die zugleich die Wurzeln vieler deiner Gefühle und Handlungsmuster sind.

Übung:
Biografiearbeit mit der Lebensspirale (Teil 2)

Betonter Aspekt:
Abschiedliche Erfahrungen deiner Eltern, Groß- und Urgroßeltern, die vor deiner Geburt liegen

Übung Teil 1 (30–60 Minuten)

Vorbereitung:

- Suche dir einen ruhigen Ort, an dem du dich wohlfühlst und nicht gestört wirst. Einen Ort, an dem du etwas notieren kannst.
- Nimm deine Lebensspirale mit an diesen Ort.
- Nimm einen Stift, mit dem du gut schreiben kannst, und deine Farben mit.
- Nimm dein schönes Heft mit, das du für deine Forschungsreise ausgewählt hast.

1. In deiner Lebensspirale hast du den Abschnitt vor deiner Geburt frei gelassen. Trage hier zunächst stichpunktartig die Ereignisse aus den Leben deiner Vorfahren ein, die dir von ihren Abschieden, Umzügen, Auswanderungen, innerfamiliären Todesfällen, z.B. von Kindern oder Geschwistern, Gefallenen im Krieg etc., bekannt sind. Trage alles ein, was du weißt, unabhängig davon, ob es dir zu diesem Zeitpunkt wichtig erscheint.

2. Nimm nun dein Heft zur Hand und gehe deine Stichworte durch. Notiere dir, woher du das jeweilige Wissen hast: Wer hat dir wovon erzählt? Wie war die Stimmung beim Erzählen? Konntest du Fragen stellen? Wenn ja, welche Fragen? Wie hast du dich gefühlt, während du zugehört hast?

3. Spüre auch den folgenden Fragen nach und notiere deine Erinnerungen: Gab es Tabus? Dinge oder Sachverhalte, die nicht erfragt oder hinterfragt werden durften? Hast du diese Tabus bei Personen oder bei bestimmten Themen gespürt oder hat dir jemand gesagt, dass du nach etwas Bestimmtem nicht fragen sollst? Konntest du fragen, warum das so ist?

4. Siehst du Zusammenhänge zwischen vergangenen abschiedlichen Ereignissen und Verhaltensweisen, die dir erzählt wurden oder die du erinnerst, und dem Umgang mit Tod und Trauer bei deinen Eltern oder/und bei dir selbst? Wenn ja, versuche zu beschreiben, welche Zusammenhänge das sind.

5. Findest du Erklärungen für deine eigenen Handlungsweisen oder Gefühle? Welche? Findest du Handlungsmuster oder Gefühle, die du unbewusst übernommen hast? Sind sie dir dienlich oder möchtest du sie verändern? Wenn ja, wie möchtest du sie verändern? Gib dieser letzten Frage viel Raum und Zeit.

Übung Teil 2 (so viel Forschungszeit, wie du brauchst)
Wenn dir der Einblick, den du auf diese Weise in deine Familiengeschichte genommen hast, ausreicht, brauchst du den zweiten Teil der Übung nicht zu machen.
Wenn du nach deinem Ermessen nicht „genug" oder kaum etwas erinnerst und noch lebende Ansprechpartner hast, z. B. Großeltern oder Eltern, Geschwister, Cousinen oder Cousins, die vielleicht anderes aufgenommen haben, kannst du nun auf reale Entdeckungsreise gehen.
Hast du im Vorhinein das Gefühl oder die Angst, dass die Gespräche für dich zu emotional werden könnten, kannst du immer, wenn du es möchtest, die Übung vom sicheren inneren Ort (Einschub vor Kapitel 3) zur Hilfe nehmen.

Bei den Gesprächen kannst du alles, was dich interessiert, zu erfragen versuchen und für dich selbst auf Folgendes achten:

- Antworten dir die mittlerweile älter gewordenen Menschen gern, und entstehen schöne Gespräche, oder ist Zurückhaltung da?
- Interessieren sie sich für das, was dich zu diesen Fragen bewegt, oder geben sie eher pflichtschuldig oder sogar widerwillig Auskunft?
- Bestehen evtl. vorhandene Tabus deiner Kindheit noch, oder haben sie nur für dein kindliches Ich gegolten?
- Haben deine Ansprechpartner ihre Haltung zu vergangenen Ereignissen, Verhaltensweisen oder Gefühlen in den letzten Jahren oder Jahrzehnten verändert, oder sind sie in den bekannten Erzählschleifen zu Hause geblieben?

Du kannst im Anschluss an die jeweiligen Gespräche alles notieren, was dir wichtig erscheint, und evtl. die Schritte 4 und 5 aus dem ersten Teil dieser Übung auf das Gehörte anwenden.
Lege auch hier das Gewicht auf die Fragen,

1. ob du für dich Gefühle, Verhaltensweisen, Handlungsmuster entdeckst, die du unbewusst übernommen hast?
2. ob diese Gefühle, Verhaltensweisen oder Handlungsmuster dir (heute noch) dienlich sind oder ob du sie verändern möchtest?
3. ob du eine Vorstellung davon hast, was du verändern möchtest und wie du das tun kannst?

Wissen: Transgenerationale Weitergabe und ihre Bedeutung für die Einstellung zu Tod und Sterben

Immer wieder erlebe ich es besonders im Masterstudiengang, in dem die Studierenden an zwei Thementagen zur „Musiktherapie im palliativen Kontext“ als Pflichtveranstaltung teilnehmen müssen, dass Studierende nicht kommen oder bereits in der Eingangsrunde sagen, dass sie über das Thema „Tod und Sterben“ eigentlich gar nicht sprechen möchten oder können. Zum Verständnis: Die Studierenden sind zwischen 25 und 65 Jahre alt, weil der Masterstudiengang auf vorheriger Berufserfahrung oder einem Bachelor aufbaut. Es handelt sich bei den Teilnehmenden also in der Regel um gut ins Leben hineingewachsene Menschen. Wenn ich dann nachfrage, warum das so ist, gibt es zwei Antwortmöglichkeiten. Oft ist die Begründung, dass ein naher Todesfall noch nicht weit zurückliegt. Dann biete ich an, nur an den Einheiten teilzunehmen, die sich für die Studierenden „gut“ anfühlen, und wenn sie das Gefühl haben, dass ihnen etwas zu nahe geht, Spaziergänge zu machen.

Interessant ist die zweite Antwort. Fast in jedem Kurs gibt es eine/n oder mehrere Studierende, die sagen, dass sie bei diesem Thema einfach sofort weinen müssen, weil es ihnen so nahegeht, ohne dass sie eigentlich wissen, warum. Oder dass „alles in ihnen zugeht“ und sie „nur noch wegwollen“. Wenn ich sie bitte, kurz in sich zu gehen und sich zu fragen, woher diese tiefe innere Regung kommt, können sie sie mit keinem lebensgeschichtlich erinnerten Ereignis begründen und sagen häufig, dass sie sich das auch selbst schon gefragt haben.

Ein Student erklärte dem Kurs Folgendes: „Ich kann zu keiner Beerdigung oder Trauerfeier gehen. Das konnte ich noch nie. Als Kind hatten wir keine Beerdigungen – oder ich habe sie zumindest nicht mitbekommen. Ich kann mich auch nicht erinnern, dass meine Eltern jemals auf eine Beerdigung gegangen sind. Als ich dann vor ein paar Jahren auf die Beerdigung der Cousine meiner Partnerin wollte, die ihr sehr wichtig war, die ich aber kaum gekannt habe, konnte ich vor lauter Tränen gar nicht aus dem Auto aussteigen und habe die Zeit, die meine Partnerin auf dem Friedhof war, spazierengehend verbracht. Ins Restaurant konnte ich später mitgehen und als meine Partnerin mich verwundert fragte, was denn los gewesen sei, konnte ich es weder ihr noch mir erklären. Seitdem habe ich genauer darauf geachtet, was in mir passiert, wenn jemand, den ich kenne, stirbt. Also ein Arbeitskollege oder so. Eigentlich ist es irgendwie schlimm, denn ich ignoriere das einfach. Ich versuche, es gedanklich überhaupt nicht zu berühren und mich sofort mit anderen Dingen zu beschäftigen. Wenn ich Menschen begegne, die wegen des Verlusts eines Menschen weinen, versuche ich eher, sie abzulenken, anstatt sie zu fragen, wie es ihnen geht. Irgendwie halte ich es gar nicht aus, dieses Thema zu berühren."

Solche „unklaren" oder für einen Menschen selbst nicht verständlichen Gefühle hinsichtlich des Umgangs mit Sterben, Tod und Trauer sind häufig ein Indiz für die (meist Trauma-basierte) transgenerationale Weitergabe von tiefen Gefühlen und daraus resultierenden Handlungsmustern.

Ein einfach verständliches Schaubild zum Verständnis und zum Erkennen solch ererbter Wunden, Gefühle und Handlungsmuster hat Katharina Drexler (2020) entwickelt:

<table>
<tr><th></th><th>Eigene Wunden</th><th>Ererbte Wunden</th></tr>
<tr><td>Gemeinsamkeiten</td><td colspan="2">• akustische, visuelle, den Geruchssinn oder die Berührungswahrnehmung betreffende unwillkürlich einschießende traumatische Erinnerungseindrücke möglich
• durch äußere Reize auslösbar (triggerbar)
• Albträume, Überwachheit, depressive Symptome möglich
• negative Selbstüberzeugungen und Lebensgefühle möglich</td></tr>
<tr><td>Unterschiede</td><td>• eigene Erlebnisse passen zu den Symptomen
• die emotionale Belastung wird (meist) als zur eigenen Person stimmig empfunden</td><td>• Erlebnisse der (Groß-)Eltern passen zu den Symptomen
• die emotionale Belastung wird als fremd erlebt</td></tr>
</table>

„Unser Leben ist von vielfältigen Verlusten, Erkrankungen, Trennungen, Umbrüchen und Neuorientierungen durchzogen. Die Trauerforscherin Verena Kast nennt die daraus entstehende Aufgabe ‚abschiedlich leben lernen'. Damit auf gesunde Weise umzugehen, bedeutet, hinzuschauen und innerlich Kontakt mit dem Erlebten aufzunehmen oft ein schwerer Schritt, wenn wir nicht geübt sind, die Tiefe, Vielfalt und manchmal Widersprüchlichkeit der aufbrechenden Gefühle anzunehmen. ‚Euer Schmerz ist das Zerbrechen der Schale, die euer Verstehen umgibt', sagt der Dichter Khalil Gibran. Dieser Schmerz kann unser eigener sein, der Schmerz anderer Menschen, sogar der unserer Vorfahren. Wir können uns unsere Lebensgeschichte mit ihren Verlusten sowie die Geschichte unserer Eltern und Vorfahren aneignen, sie betrauern und wie Puzzlestücke zu einem Gesamtbild zusammensetzen. Es kann erleichtern, wenn im Lebensgefüge und der Familiengeschichte Zusammenhänge aufscheinen. Das nicht genügend gelebte ‚Trauer-Erbe' aus Zeiten vor unserer Geburt kann als transgenerationale Trauer wirken – und dazu gehört besonders auch Kriegstrauer. Auch wenn das Trauern überwältigend sein mag, ist es doch ein Weg der Selbstermächtigung und Heilung:

Wir können lernen, Gefühle zuzulassen, und dadurch fähig werden, allmählich unsere veränderte Wirklichkeit zu gestalten."[22]
Als unmittelbares Beispiel greife ich an dieser Stelle die Erzählung einer Studierenden auf, die ich bereits in Kapitel 2 verwendet habe:
„Bei uns zu Hause war es nicht üblich, Gefühle zu zeigen. Als ich fünf Jahre alt war, fast sechs, starb meine Großmutter, die ich sehr liebhatte und mit der ich auch viel zu tun hatte, weil meine Mutter gearbeitet hat. Ich konnte viel bei Oma sein. Sie starb wohl an einem plötzlichen Herzstillstand in ihrem Lieblingssessel, was ja aus heutiger Sicht eher schön ist. Für uns war es aber ein Schock. Meine Mama hat sie gefunden und von dem Augenblick an war sie für mich eigentlich nicht mehr ansprechbar. Sie hat alles organisiert und gemacht und getan und ich durfte/musste auch überallhin mit, aber ich hatte das Gefühl, meine Mama ist wie eine Maschine. Immer wenn ich zu weinen anfing, hat sie mich sofort gemaßregelt und gesagt, dass für Tränen später noch Zeit sei, dass wir jetzt stark sein müssten und dass es viel zu tun gäbe. Wir haben meine Oma selbst gewaschen und ihr ihr schönstes Kleid angezogen, aber wir haben dabei nicht geweint, sondern es getan, weil es getan werden muss. Ich habe mich die ganze Zeit gefühlt, als sei mein Herz in einer Zange. Immer, wenn danach jemand gestorben ist, habe ich dieselbe Zange um mein Herz gefühlt und auch heute, obwohl das jetzt über 40 Jahre her ist, habe ich Schwierigkeiten, bei inneren Erschütterungen oder Abschieden zu weinen, und ich habe es auch schwer, mich auf Trost einzulassen, wenn mein Partner mich z. B. in den Arm nehmen will. Eher schaue ich, was es zu tun gibt …"

Die Studierende hat von ihrer Mutter das Handlungsmuster übernommen, bei Abschieden und Toden (zunächst) nicht zu weinen,

22 Hugo (2019): Am Ende können wir es alle.

sondern zu tun, was getan werden muss, egal wie nahe der verstorbene Mensch ihr ist. Oft bleibt dabei die Trauer auf der Strecke. Dabei empfindet die Studierende nämlich auch heute noch Gefühle wie z. B. Traurigkeit, eigentlich zu weinende Tränen, als eher störend und schiebt sie zur Seite, fühlt sich „als sei mein Herz in einer Zange".

Nach der Übung mit der Lebensspirale hat sie ein sehr berührendes Gespräch mit ihrer knapp 80-jährigen Mutter geführt, in dem sie ihre eigene Erinnerung der vergangenen Situation wiedergegeben und die Mutter gefragt hat, was sie selbst erinnert. Aus diesem Gespräch hat sie Folgendes mit uns geteilt:

„Meine Mutter hat zuerst gefragt, warum ich ihr das erzählen würde, sie sei doch dabei gewesen und es sei außerdem eine wirklich nützliche Umgangsweise mit dem Sterben, wenn man nicht so viele Tränen vergießt, sondern sich auf das, was zu tun ist, beschränkt. Damit könne man am besten wieder weiterleben. Sie würde sich das auch von mir wünschen, wenn sie sterben würde. Ich habe ihr dann erzählt, dass es für mich sehr schwer gewesen sei, in dieser Situation und auch später nicht wirklich traurig sein zu dürfen über Omas Tod. Ich habe ihr gesagt, ich hätte mir gewünscht, dass sie mich in den Arm genommen und getröstet hätte. – Das hat sie als Anschuldigung verstanden und sofort verteidigend gesagt, sie selbst hätte als Kind ja schließlich auch niemand in den Arm genommen und das Leben hätte einfach weitergehen müssen. Das war das Tor zu ihrer eigenen Geschichte. Ich habe sie sofort gefragt, in welchem Zusammenhang sie das erlebt hat. Sie hat dann eigentlich das erste Mal ausführlich von ihrer Flucht erzählt. Sie war auf einem Flüchtlingsmarsch aus dem ehemaligen Sudetenland gewesen. Während dieses Marsches sind zwei ihrer Geschwister (ihre ältere Schwester und das Baby der Familie) an Lungenentzündung gestorben und schließlich ihre Oma, weil sie von einem Wagen gefallen ist. Sie mussten diese so nahen Menschen jeweils sehr schnell begraben bzw. Steine über ihren Kör-

pern aufhäufen, weil die Erde gefroren war, damit sie den Anschluss an den Treck nicht verloren. Zeit für Tränen gab es nicht, ihre Mutter musste alles tun, um die restlichen Kinder (sie selbst und noch zwei jüngere Geschwister) durchzubringen, und sie selbst bekam nun die Aufgaben, die ihre ältere Schwester vorher getan hatte, nämlich auf die beiden jüngeren Geschwister aufzupassen, jedes an einer Hand zu halten und nie loszulassen. Ihre Mutter habe den Wagen mit ihren Habseligkeiten ziehen müssen und konnte deshalb kein Geschwisterkind an die Hand nehmen.
Als sie das erzählte, kamen mir spontan die Tränen und ich sagte ihr, was für eine furchtbare Überforderung das für so ein kleines Mädchen (sie war sechs Jahre alt gewesen) doch gewesen sei. Sie hatte ihre ältere Schwester verloren, die sie sehr liebte, das Baby und ihre Oma noch dazu und es gab keine Zeit, um traurig zu sein, sondern alles musste sofort weitergehen. Ich bat sie, von ihrer älteren Schwester, meiner Tante, die ich nie kennengelernt habe, zu erzählen. Merkwürdigerweise wehrte sie sich nicht, sondern erinnerte sich an viele gemeinsame Erlebnisse, die schön und nah waren. Auch ihr kamen ein paar Tränen. Ich fragte sie, ob es noch ein Foto aus der Zeit vor dem Krieg gäbe, wo sie als Familie zu sehen waren, und sie kramte eine alte Ledertasche aus dem Kleiderschrank ihres Schlafzimmers hervor und zeigte mir eine steife Familienaufnahme, die in den ersten Kriegsjahren entstanden war. Hier stand ihre große Schwester hinter ihr und hatte ihren Arm um die Schulter meiner Mutter gelegt. Sie erklärte mir, welche Personen noch zu sehen waren.
Ich fragte sie, ob ich mir das Bild kopieren dürfe und ob wir es aufstellen könnten. Eigentlich hatte ich ein ruppiges ‚Wofür soll das gut sein?' erwartet, aber sie überließ mir das Foto und ich ließ es dreimal vergrößern und einrahmen. Einmal für meine Mutter, einmal für mich und einmal für meine jüngste Schwester, die auch interessiert war. Bei meinem nächsten Besuch schenkte ich es ihr und außerdem eine große Bienenwachskerze, weil sie sol-

che Kerzen liebt. Das Bild hängten wir in der Stube über einer Kommode auf und stellten die Kerze davor. Meine Mutter zündete sie an und uns beiden liefen wieder ein paar Tränen übers Gesicht. Wir haben dann nicht mehr darüber gesprochen, aber als ich letzte Woche noch mal bei ihr war, war die Kerze schon zur Hälfte heruntergebrannt. Ich habe mir vorgenommen, ihr immer eine neue zu schenken, wenn ihre abgebrannt ist. Auch wenn Bienenwachskerzen teuer sind. Mir scheint das eine Art von nachholender Trauer zu sein und vielleicht braucht es da sogar Kerzen bis an ihr Lebensende."

Auf meine Frage, ob sich in ihr selbst durch dieses berührende Ereignis etwas verändert habe, sagte sie: „Ich habe das Gefühl, dass ich innerlich weicher geworden bin. Da wo sonst die Zange ist, ist es irgendwie durchlässiger. Ich weiß noch nicht, was das bedeutet."

An diesem Beispiel werden gleich zwei Erfahrungen sichtbar: Zum einen noch einmal, welch tiefen Einfluss unbewusst weitergegebene Handlungsmuster und Gefühle auf unser Leben haben können. Zum anderen, dass, wenn die Erkenntnis da ist, wo das erlernte Muster eigentlich hingehört und wo es sinnhaft war, Eingeübtes, aber in der Gegenwart nicht mehr Sinnhaftes bzw. Nützliches auch verabschiedet werden kann. Sogar kleine Rituale nachholender Trauer können dann möglich werden, die eine unmittelbare Auswirkung auf gegenwärtige und zukünftige Gefühlswelten und Handlungsmöglichkeiten nehmen.

Wie funktioniert transgenerationale Weitergabe traumatischer Erfahrungen auf der psychischen Ebene? Der traumatisierte Elternteil musste meist als Kind Situationen erleben und überleben, in denen die eigenen Schutzkräfte nicht mehr ausreichten, um die Wirklichkeit regulierend zu ordnen. Er wurde von der Wucht der nicht zu ertragenden Erlebnisse überschwemmt und so konnten für die umfassende psychische Gesundheit wesentliche Strukturen des Nervensystems „zerstört“ werden. Er musste funktionieren, und wo eigentlich Schock, Hilflosigkeit, Angst und Trauer angesagt gewesen wären, musste er Teile der Elternrolle übernehmen, während er Kind war, und war auf mehreren lebenswichtigen Ebenen überfordert.

„Die transgenerationale Weitergabe traumatischer Erfahrungen beruht auf einem Zusammenbruch interpersonaler Grenzen zwischen Eltern und Kindern bzw. auf der Schwierigkeit, diese, für eine gesunde und freie kindliche Entwicklung notwendige Errichtung schützender Grenzen zwischen den Generationen überhaupt erst zu ermöglichen (Kogan, 2009; Bohleber, 2003). Durch diese Entgrenzung verschmelzen psychische Räume und das Eindringen traumatischer, unverdauter historischer Ereignisse aus dem Leben der Eltern in das der Kinder wird möglich.“[23]
Dieser Vorgang funktioniert im Grunde so lange, bis er entdeckt wird. Hätte die Studierende aus unserem Beispiel eigene Kinder gehabt, hätte es sein können, dass sie ihnen ihre eigenen Handlungsmuster beim Tod naher lieber Menschen weitergegeben hätte, weil sie ihr als Kind zwar nicht gutgetan haben, sie aber auf diese Weise eine schwierige Situation überstanden hat. Es sei denn, der Vater der Kinder oder ihre eigene bewusste und einordnende Erkenntnis des Vergangenen wären präsent gewesen und hätten anderes ermöglicht.

Der Student, von dem ich zu Beginn des Kapitels erzählt habe und der überhaupt nicht wusste, warum er stets von Trauer und Tränen überschwemmt wird, wenn er innerlich dieses Thema berührt, konnte ein klärendes Gespräch mit seinem Vater führen.

23 Rauwald (Hg.) (2013): Vererbte Wunden, 57.

Die Mutter seines Vaters (also seine Oma) war sehr plötzlich gestorben, als sein Vater sieben Jahre alt war. Der Vater hatte keine Geschwister. Der Vater seines Vaters war so außer sich über den Tod seiner Frau, dass er wochenlang geweint hatte, nicht arbeiten konnte und der Junge zum Teil allein aufstehen musste, um zur Schule zu gehen. Sogar an Essen hatte es gefehlt. Der Junge war auf eine völlig überfordernde Weise auf sich selbst gestellt und einsam. Er hatte niemanden, der ihn, der seine Mutter verloren hatte und die Welt nicht mehr verstand, selbst trösten konnte, und es fehlten ihm nun beide Eltern. Nach einiger Zeit war er für ein halbes Jahr zur Familie eines Schulkameraden gezogen, weil die Lehrerin die Vernachlässigung bemerkte. Im Anschluss ist dann die Schwester seiner Mutter zu der Familie gezogen und der Junge konnte nach Hause zurückkehren. Aber jeder weitere Todesfall hat seinen Vater so getroffen, dass er mehrere Tage oder Wochen nicht arbeiten konnte. Seinem Sohn hat er nie erklärt, dass seine irgendwann ärztlich attestierten Depressionen unmittelbar mit Todesfällen zusammenhingen. Der Vater des Studenten wusste nur, dass sein Vater immer mal wieder sehr krank war. Er hatte im Prinzip den plötzlichen frühen Tod seiner Frau nie verarbeitet. Als er älter wurde, hat er Todesfälle, auch nahe Todesfälle, einfach ignoriert und auch seinen Sohn gar nicht informiert. Dieser hat das mit seinen Kindern genauso gehandhabt und mit der Mutter des Studenten schon früh besprochen, dass keins der Kinder bei Trauerfeiern dabei sein darf. Auch er selbst hat stets nur seine Frau hingehen lassen und alle Situationen gemieden, in denen er von Emotionen hätte überschwemmt werden können, weil er seinen eigenen Kindern „so etwas nicht antun wollte".

Wir besprachen, dass der Student dieses Thema in der Lehrtherapie bearbeiten würde, damit er selbst in der Lage sei, zu Trauerfeiern zu gehen und diese „Gefühlsüberschwemmung", wie er sie nannte, seinen vielleicht zukünftigen eigenen Kindern nicht weitergeben müsste.

An diesem Beispiel wird auch die Individualität von Traumata sichtbar, die in ihrer Ausdrucksweise schon einmal eine Generation überspringen können. Seinen eigenen Vater hatte der Student nie weinend erlebt, weil dieser solche Situationen erfolgreich gemieden hatte. Das überschwemmende Weinen und die übergroße, kaum fassbare Traurigkeit waren ihm erst bei sich selbst begegnet. Nachdem er sein eigenes Verhalten einordnen konnte, war er erleichtert und konnte den zweiten Thementag „unbeschadet“ mitmachen.

Transgenerational weitergegebene Gefühle, Handlungsmuster und Wunden sind oft nicht leicht allein erkennbar und veränderbar. Hier gibt es mittlerweile unterschiedlichste hilfreiche Therapieformen, die beim Verstehen und Verändern unterstützen können (z. B. EMDR, NARM, Familienaufstellungen[24] etc.). Es kann unglaublich erleichternd sein, intensive Gefühlswelten dahin abzugeben, wohin sie gehören. Deshalb möchte ich ausdrücklich dazu einladen, diese innere Arbeit nicht zu scheuen.

24 Die Familienaufstellung ist eine Methode aus der systemischen Therapie oder Familientherapie, bei der einzelne Personen stellvertretend für Familienmitglieder oder andere nahe Menschen in einem Raum aufgestellt und in Beziehung gesetzt werden. Dadurch soll das Beziehungsgeflecht innerhalb einer Familie, so wie es das „fragende Familienmitglied“ erfährt, für alle Anwesenden sichtbar gemacht werden. Familienaufstellungen können außer in einer Gruppe von Menschen auch mithilfe von Figuren und Symbolen auf einem Tisch oder Brett erfolgen.

Geschichten

Weil die transgenerationale Weitergabe eines meiner Lebensthemen ist, möchte ich an dieser Stelle zwei persönliche Geschichten dazu erzählen, die von der starken Wirkkraft unverarbeiteter Kindheitsereignisse sprechen, aber auch von der realen Möglichkeit nachholender Verarbeitung und nachholenden Verständnisses:

Als Kind und bis in meine Jugend hinein hatte ich in unregelmäßigen Abständen immer wieder folgenden Albtraum:
Ich bin ein kleines Mädchen von ca. vier bis fünf Jahren und laufe über riesige weite Felder voller Leichen. Niemand sieht mich. Nur ich sehe sie alle.
Wie oft ich von diesem Traum schluchzend aufgewacht bin, weiß ich nicht mehr.
Wenn ich meinen Eltern davon erzählt habe oder anfangs in ihr Bett gekrochen bin, haben sie mich getröstet und gesagt, dass ich das nur geträumt habe und dass alles gut ist. Später habe ich gar nicht mehr davon erzählt.
In meinem Erwachsenenleben tauchte der Traum immer mal wieder auf, wurde aber wesentlich seltener. Nach dem Tod meines Mannes träumte ich ihn wieder regelmäßiger und nahm ihn schließlich als Thema mit in eine Familienaufstellung, weil die Bilder und Gefühle so real erschienen, ich mir aber sicher war, dass sie mit meinem eigenen Lebenskontext nichts zu tun hatten. Bei der Aufstellung stellte sich heraus, dass das eigentliche Geschehen im kindlichen Lebensumfeld meines Vaters lag, dass es also seine Bilder waren. Ich konnte mir das zunächst nicht vorstellen, weil ich ihm den Traum als Kind ja öfter erzählt hatte, rief ihn aber auf Rat des Therapeuten, der die Aufstellung geleitet hat-

te, nach ein paar Tagen an und erzählte ihm noch mal von meinem Traum und vom Ergebnis der Aufstellung.
Er, mittlerweile Ende seiner 60er, sagte sofort: „Ja klar, das habe ich ja erlebt. Als wir im Zug geflohen sind, haben sie uns Kinder, wenn der Zug hielt, immer rausgeschickt, die Leichen zählen, die die Soldaten rauswarfen. Das war meistens inmitten von Feldern. Und es waren viele. Dann bin ich wieder in den Zug geklettert und hab den Erwachsenen die Zahl weitergegeben. Ich konnte schon gut zählen."
Ich war sehr berührt und sagte ihm, wie leid es mir tue, dass er so etwas erlebt habe. Er antwortete, dass das damals für ihn normal gewesen sei und dass er seitdem nicht mehr daran gedacht habe. Als ich ihn fragte, warum er mir denn nicht schon als Kind erzählt habe, dass ich eigentlich von seinen Erlebnissen geträumt hatte, sagte er, dass er meinen Albtraum mit seinem realen Erleben gar nicht zusammengebracht hätte.
Wir haben dann nicht noch einmal darüber gesprochen, aber in einer der Nächte nach dem Telefonat hatte ich den Albtraum wieder. Kurz vor dem Punkt, wo ich sonst immer aufgewacht bin, verkleinerte sich die erlebte Szene zu einem großen Bild mit Rahmen. Dieses Bild trug ich im Traum zu einer Art Galerie der Bilder meines Lebens, suchte einen Moment nach dem richtigen Platz und hängte es dann auf. Als ich aufwachte, schrieb ich mir diesen eindrücklichen Traum auf. Das ist jetzt 13 Jahre her und seitdem ist der Albtraum nie wieder aufgetaucht. Ich habe das Gefühl, dass das Erlebnis angeschaut und gefühlt werden wollte und nun auf eine Art sichtbar an der richtigen Stelle unserer Familiengeschichte seinen Platz gefunden hat.

Als ich 17 Jahre alt war und noch zu Hause wohnte, leitete ich bei uns im Dorf eine Jungpfadfindergruppe gemeinsam mit einem anderen, etwas älteren Pfadfinderleiter. An einem der Gruppennachmittage hatte mich eine befreundete Lehrerin eingeladen, sie in der Stadt zu einem Gitarrenkonzert zu begleiten. Weil ich mich sehr über die Einladung freute und gleichzeitig wusste, dass es für meinen „Kollegen" gar nicht in Ordnung sein würde, dass er die Gruppe an diesem Tag so kurzfristig allein machen sollte, rief ich ihn an und sagte, ich sei krank. Dieses Telefonat bekam meine Mutter mit und sagte mir deutlich, dass sie das nicht gut fände. Da eine Lehrerin aber in ihren Augen mehr zählte als ein Pfadfinderkollege, ließ sie mich ziehen.

Als ich mit dem Bus in der Stadt angekommen war, eine Fahrt von ca. einer Stunde, standen vor der Bustür meine Eltern mit versteinerten Gesichtern. Beide waren gekommen, aber nur mein Vater sprach in Anweisungen ohne Erklärungen. Ich musste mir eine von ihm mitgebrachte Jacke anziehen und die Kapuze aufsetzen (es war Sommer und das Wetter war schön) und sofort mit ihnen zum Parkhaus kommen. Die Situation war sehr unwirklich für mich, aber der Ton meines Vaters war gefährlich und signalisierte deutlich, dass er an der Grenze zu großer Wut stand. Ich wurde am Arm zum Auto geführt, musste mich auf den Rücksitz legen und eine Decke wurde über mich gebreitet. Als ich meine Eltern erinnerte, dass ich der Lehrerin wenigstens Bescheid geben musste, weil diese auf mich warten würde, fuhren wir zunächst zum Ort des Konzerts und ich durfte kurz aussteigen, um zu ihr zu laufen und die Situation zu erklären. Sie verstand nichts, außer dass ich nicht mitkommen durfte.

Während der Fahrt, die ich unter der Decke liegend auf der Rückbank des Autos verbrachte, damit mich von außen niemand sehen konnte, erklärte meine Mutter völlig außer sich, dass mein Pfadfinderkollege noch einmal angerufen habe und mich wegen des Inhalts der Stunde sprechen wollte. Sie habe dann aus lauter Hilflosigkeit für mich gelogen und gesagt, ich läge in meinem Zimmer im Bett und schliefe. Wenn jetzt irgendjemand mich in der Stadt sehen würde, könnte diese Lüge herauskommen und auf sie zurückfallen. Deshalb müssten wir jetzt sofort die Situation schaffen, die sie am Telefon erzählt habe. Mein Vater fuhr das Auto in die Garage. Ich musste durch die Kellertür ins Haus und auf mein Zimmer und sollte mich ins Bett legen.

Als ich in meinem Zimmer war, konnte ich langsam wieder normal atmen und habe diese völlig skurrile Situation gedanklich noch einmal nachvollzogen:

Ich hatte es während der ganzen Situation gar nicht geschafft, meine normale Persönlichkeit zu zeigen und meinen Eltern zu sagen, dass sie „verrückt" seien, und einfach davonzulaufen oder Ähnliches, sondern war wie erstarrt gewesen. Das verstand ich am wenigsten.

Langsam erinnerte ich aber Geschichten, die sie aus dem Krieg erzählt hatten, wo es in ihrer beider Leben das Überleben gesichert hatte, dass eine Lüge nicht aufgedeckt wurde. Bei meiner Mutter war das während der russischen Besatzungszeit gewesen, wo sich die Frauen und Mädchen des Dorfes in einem unterirdischen Wasserspeicher versteckt hatten, und bei meinem Vater kurz vor der Flucht der Familie in den Westen. Der Vater meines Vaters war schon geflüchtet und die Mutter und die vier Kinder mussten so tun, als würden sie dableiben und Weihnachten feiern, obwohl sie den geschmückten Baum mit Geschenken zurücklassen wollten, um heimlich zu fliehen. Hätte das vorher jemand herausgefunden, wären sie nicht mehr weggekommen und hätten ihren Vater vielleicht nie mehr wiedergesehen.

In beiden Situationen hatte das Aufrechterhalten der durch die Lüge dargestellten Realität über Leben und Tod bzw. über das weitere Leben entschieden.

Was aber war heute passiert? Durch die Lüge, die sie meinem Pfadfinderkollegen gegenüber am Telefon ausgesprochen hatte und von der sie wusste, dass der Zufall es wollen konnte, dass sie aufgedeckt würde, weil mich in der Stadt jemand sehen könnte, durch diese Lüge war die vergangene traumatische Situation getriggert worden. Sie war in die Gefühlslage ihrer Vergangenheit zurückversetzt und es gab für meine Mutter keinen anderen Weg, als die reale Realität mit der erlogenen in Einklang zu bringen. Mein Vater wurde durch ihre Angst vor der Aufdeckung der Lüge getriggert und zu zweit haben sie mit stark erhöhtem Cortisol-Stresspegel die „lebensgefährliche Situation" zu retten versucht. Was ihnen in ihren Augen mit vereinten Kräften auch gelungen ist.

Vermutlich hatte es sie als Kind völlig überfordert, nichts von den versteckten Frauen zu erzählen bzw. den geschmückten Weihnachtsbaum mit Geschenken und außerdem alle Freunde und Teile der Familie zurückzulassen und heimlich zu fliehen. Da musste alles funktionieren, es ging nicht mehr um eigene Gefühle. So erklärte ich mir meine eigene Erstarrung dort auf dem Rücksitz unter der Decke. Und auch, dass ich gar nicht wirklich versuchte zu widersprechen.

Dieses Erlebnis hat mich schon recht früh in meinem Leben auf die Spur unserer Familiengeschichte gebracht und mich darin unterstützt, mit damaligen Klassenkameradinnen in ihren Familien auf die Suche nach ähnlich merkwürdigen Erlebnissen zu gehen. Dann haben wir uns darüber ausgetauscht, wie tief der Krieg und die Nachkriegszeit noch in unsere Lebenswirklichkeit hineinwirken. So bin ich letztendlich auf die Idee gekommen, an Familienaufstellungen teilzunehmen und damit mein eigenes Erleben auf ganz andere Art „ordnen" zu können. Seither schaue ich mir Gefühle und Verhaltensweisen meiner selbst, wenn sie mir der aktuellen Situation unangemessen erscheinen, gern mit etwas Abstand noch einmal an und entdecke immer wieder kleine Schnipsel von transgenerational weitergegebenen Handlungsmustern, die ich im Heute ablegen möchte. Besonders in der Partnerschaft kann es sehr erleichternd sein, sich über diese Erfahrungsebenen auszutauschen, sie im Blick zu behalten und Veränderung zu ermöglichen. In meiner Arbeit mit Sterbenden und Trauernden habe ich so in den vergangenen Jahrzehnten eine Art Intuition dafür entwickelt, wann es gut ist, nach der Herkunft von Gefühlen und Verhaltensweisen zu fragen und danach, ob sie für die heutige Situation wirklich noch nützlich sind oder vielleicht auch kurz vor dem Tod noch abgelegt und verwandelt werden möchten.

Trotz dieser Erkenntnis möchte ich dieses Kapitel mit dem Text eines Patienten, nennen wir ihn **Herrn H.,** beschließen, der mich sehr berührt hat. Die Idee zu diesem Text ist in der Musiktherapie entstanden, als es um sein Vermächtnis ging. Herr H. sagte mir, sein eigentliches Vermächtnis an seine Familie sei, dass er sein schlimmstes Geheimnis mit ins Grab nehme und dass niemand mehr es lüften könne und werde. Seine Frau hat mir nach seinem Tod erlaubt, dass ich den aus diesem Gedanken entstandenen Text abfotografiere und anonym nutzen darf, weil wir an seinem Sterbebett noch eine schöne Familienbegegnung hatten. Es sind Worte, die mich ins Grübeln gebracht haben und mich wieder einmal demütig an die Individualität und Vielfältigkeit und Unbewertbarkeit all unserer vielen Leben und Tode erinnert haben. Herrn H.s Vermächtnis ist eine Fürsprache für das Recht auf tiefe Geheimnisse, und dass ich sie hier abdrucke, eine Verneigung vor der ungeheuren Lebenskraft, die es kostet, ein solches Geheimnis lebenslang zu hüten:

Mein eingekapselter Schmerz
Ich werde ihn mitnehmen in den Tod.
Niemand wird jemals etwas erfahren haben.
Das fühlt sich merkwürdig an, so merkwürdig, dass ich es erzählen muss.
Ohne Inhalt. Wie eine leere Blase in einem Comic. Die da ist und etwas bedeutet.
Alle wissen, dass. Niemand weiß, was.
Es ist mein tiefstes Geheimnis von all den Geheimnissen, die mein Menschenleben (ver)birgt.

Solchen Schmerz kann niemand ertragen.
Er setzt sich zusammen aus allem, was unangenehm ist und schambesetzt und ekelig und grausam und gewalttätig und hilflos, so hilflos und ausgesetzt und unerträglich, vor allem unerträglich.
Wenn ich gestorben bin, ist er weg. Ist er mit mir weg.
Was für eine Erleichterung ist dieser Gedanke für mich.
Das wünsche ich mir. Deshalb ist es gut, wenn ich sterbe, wenn ich gestorben bin.
Ich sterbe, damit diese eingewachsene Schmerzkapsel sich nie wieder öffnet.
Das ist auch ein Verdienst.
Niemand muss jemals spüren, was ich spüren musste.
Ich habe alle davor bewahrt.
Auch wenn sie sagen, ich sei nicht ehrlich gewesen.
Auch wenn sie sagen, ich habe mich nicht auseinandersetzen wollen.
Auch wenn sie sagen, sie hätten ein Recht auf Wissen.
Auch wenn sie sagen, sie kennen mich nicht wirklich.
Auch wenn sie sagen, mein Abstand sei schmerzhaft gewesen, immer.
Niemand weiß, wie schmerzhaft die Nähe gewesen wäre.
Und niemand wird es erfahren.
Das ist mein Vermächtnis.
Dieses Nichts, das schwerer wiegt, als ich es jemals tragen konnte.
So ein unerträglich schweres Nichts
ist bald
endlich
Leichtigkeit.
Bitte verzeiht!

HERR H., ENDE 70, VERMÄCHTNISBRIEF
AN SEINE FRAU UND SEINE TÖCHTER

Literatur

Bode, Sabine (2013): Kriegsenkel – Die Erben der vergessenen Generation. Stuttgart.

Bode, Sabine (2014): Die vergessene Generation – Die Kriegskinder brechen ihr Schweigen. Stuttgart.

Bohleber, Werner (2003): Das Trauma und seine Bedeutung für das Verhältnis von innerer und äußerer Realität. In: Leutzinger-Bohleber, M., Zwiebel, R. (Hg.): Trauma, Beziehung und soziale Realität. Tübingen.

Drexler, Katharina (2019): Ererbte Wunden heilen. Therapie der transgenerationalen Traumatisierung. Stuttgart.

Drexler, Katharina (2020): Ererbte Wunden erkennen. Wie Traumata der Eltern und Großeltern unser Leben prägen. Stuttgart.

Hugo, Petra (2013): Am Ende können wir es alle. In Sterbe- und Trauerzeiten und in der kostbaren Zeit vom Tod bis zur Bestattung das zu leben, zu tun und miteinander zu teilen, was wir brauchen, erfordert Mut. Es ist ein wichtiger Akt der Selbstermächtigung. In: oya. enkeltauglich leben, 23/2013. https://lesen.oya-online.de/ausgaben/23-endlich-leben.html/ [letzter Abruf 31.07.2023].

Kogan, Ilany (2009): Flucht vor dem Selbstsein. Stuttgart.

Lohre, Matthias (2016): Das Erbe der Kriegsenkel. Was das Schweigen der Eltern mit uns macht. Gütersloh.

Rauwald, Marianne (Hg.) (2013): Vererbte Wunden. Transgenerationale Weitergabe traumatischer Erfahrungen. Bad Langensalza.

5 Wie möchte ich sterben – wie möchte ich leben?

Gestorben im Januar 2019 mit 76 Jahren

Bewusst beginne und beende ich dieses Kapitel mit den Bildern zweier Verstorbener. Auch wenn viele Menschen sich daran stoßen, in „solchen Situationen" zu fotografieren, und erst recht, solche intimen Bilder zu veröffentlichen, sind es doch diese Bilder, die uns im Gedächtnis bleiben.
Wenn sie auf ihre Weise schön und würdig in unseren Augen sind, tut es uns bei aller Trauer gut, sie zu erinnern. Bleibt am Schluss vor allem Schweres und Schreckliches, ist das oft ein Anlass, Erinnerungen nachhaltig zu verdrängen.

Am Anfang dieses Kapitels, in dem es um den unmittelbaren Sterbeprozess geht, möchte ich deshalb dazu ermutigen, auch im Tod schöne Bilder zu erschaffen, an die zu denken nicht in erster Linie schmerzhaft ist.

Es ist so einfach, unsere Verstorbenen mit Blüten zu umgeben, ihnen ihre Lieblingskleidung anzuziehen, sie wie mit einer Landschaft zu umgeben, die ganz ihre eigene war.
Solch liebevolle Schönheit macht es auch Menschen, die sich zunächst nicht trauen, die Verstorbenen noch einmal zu sehen, leichter. Sie baut Brücken zu deren Leben, strahlt Anerkennung und Würde aus.
Noch bevor der Bestatter kommt, den wir selbst ja rufen, können wir schon vieles tun. Ich habe schon erlebt, dass neben Blumen die Bilder eines Lebens um den Kopf und auf den Körper der Verstorbenen gelegt wurden, dass Kerzen den Raum erleuchteten, dass Lieblingsdinge zu ihnen ins Bett gelegt wurden, vom Spazierstock über die Karnevalsperücke bis zum Kuscheltier u.v.m. Auch den Abschiedsort in der Trauerhalle oder Kirche können wir mit weiteren Ideen gestalten. Viele Bestatter bieten heute sehr kreativ ihre Unterstützung dabei an.

Wichtig scheint mir, dass nach all der Schwere, die die letzten Stunden manchmal umgibt, in der Gestaltung des Abschieds die Schönheit des Lebens aufleuchten darf und die letzten Bilder malt, die wir erinnern.

Ich danke den Menschen, die erlaubt haben, dass die letzten Bilder ihrer nahen Angehörigen hier angeschaut werden dürfen.

Einstimmung

„Es gäbe nicht die geringste Möglichkeit, den Tod näher kennen zu lernen, wenn er nur ein einziges Mal einträte. Aber zum Glück ist das Leben nichts anderes als ein andauernder Tanz von Geburt und Tod, der Tanz des ewigen Wandels. Jedes Mal, wenn ich das Rauschen eines Gebirgsbachs höre, die Brandung des Meeres oder meinen eigenen Herzschlag – immer höre ich den Klang der Vergänglichkeit. Jedes Mal, wenn ich ein- und ausatme, spüre ich sie. Diese Veränderungen, diese kleinen Tode sind unsere lebendige Verbindung mit dem Tod. Sie sind der Puls des Todes, sein Herzschlag, der uns drängt, immer wieder alles, woran wir hängen, loszulassen. Ein Loslassen, das wir unbewusst tausende Male jeden Tag üben – im Atemrhythmus“ (Rinpoche, 52).

Mit dem Einatmen beginnt unser Leben, mit dem Ausatmen endet es. Die Pause nach dem Ausatmen, diese natürliche Stille in unserem Atemrhythmus, ist wie eine Ruheinsel des immerwährenden Übergangs. Nach dem letzten Atemzug ist sie es, die sich ausdehnt und so den Abschied aus Zeit und Raum signalisiert.

Ein Aus Pause – noch ein Schluck Wasser – ein Blick – das Zittern einer Hand – das leichte Anheben eines Fingers auf der Bettdecke. Die Tage und Stunden vor dem eigentlichen Sterben scheinen das Leben zu destillieren, in äußerster Reduktion konzentriert es sich auf das Wesentliche: Ein Aus Pause – Ein Aus Pause.

Eine fast berührbare Dichte umgibt die Situation wie ein unsichtbarer Raum im Raum. Selbst auf der Intensivstation ist sie meist spürbar, findet ihren Ort und ihre ganz eigene Stille inmitten piepsender Gerätschaften, die sich programmiert um Lebenserhaltung und Dokumentation bemühen.
So unterschiedlich die Sterbeorte auch sind – auf Akutstationen stirbt es sich anders als auf Intensivstationen, auf der Palliativstation anders als im Pflegeheim oder im Hospiz und noch mal ganz anders zu Hause – so unterschiedlich die Sterbeorte und die Menschen auch sind, so ähnlich sind sich die Situationen in dieser Dichte, die sich jeder Beschreibung entzieht, sich nur im Erleben zeigt.
„Gestern hat sie noch", sagen die Angehörigen und spüren die Veränderung, betreten den Raum im Raum, ohne es benennen zu können, und wenn sie das Zimmer verlassen, bleibt er in ihnen, versinkt vielleicht im Schlaf oder in den Notwendigkeiten des Alltags, aber verweilt fast unbemerkt unterhalb der Bewusstseinsgrenze wie das vage Wissen um die Kostbarkeit der nun gezählten Stunden.

Wenn ich solche Räume betrete, spüre ich immer ein Doppeltes: Mein Gastsein in diesem den Sterbenden ureigenen Übergangsraum und gleichzeitig mein Menschsein, das mich eines Tages in einen ebensolchen Raum führen wird, der dann mein ureigener ist. Und in diesem Zweiten die Verbundenheit.[25]

Was das Sterben wirklich bedeutet, ist in seiner Gänze eigentlich unvorstellbar. Mit jungen Erwachsenen einer Schulklasse (12. Schuljahr), in der eine Mitschülerin starb, haben wir in kleinen

25 Teile dieses Kapitels sind in einem Sammelband erstveröffentlicht und mit freundlicher Genehmigung des Reichert-Verlags hier eingearbeitet: Rachl (2019): Der Atem als Spielraum am Ende des Lebens. In: Tüpker (Hg.) (2019): Spielräume der Musiktherapie. Wiesbaden, 121–134.

kreativen Schreibeinheiten einmal versucht, uns bewusst zu machen, was ein Abschied von unserer Körperlichkeit, so wie wir sie kennen, bedeutet.
Als Schreibeinstieg wählten wir die Frage: „Wenn ich ans Sterben denke, was von meiner Körperlichkeit werde ich nach dem Tod am meisten vermissen?" Bei dieser Fragestellung war allen klar, dass „vermissen" zu menschlich gedacht war und in dem Sinne vermutlich in keiner Jenseitsvorstellung überhaupt erfolgen könnte. Es ging eher darum, sich dem anstehenden Verlust der Körperlichkeit begreifend zu nähern, auch um zu spüren, warum der Abschied von dem jungen Leben der Mitschülerin für fast alle, einschließlich ihrer selbst, so unfassbar und auch unwirklich erschien.
Von 23 kurzen Texten wähle ich hier vier aus, die sich mit dem Verlust unterschiedlicher Sinne beschäftigen und diesen interpretieren:

„Ich glaube, am meisten werde ich meine Haut vermissen, alle meine Häute, die äußeren und die inneren und meine Herzhaut und deine. Meine Häute sind Grenzen, die mich irgendwie ausmachen und halten, die Berührung ermöglichen und berühren, die fühlen können und streicheln und gestreichelt werden. Über sie kann ich Liebe ohne Worte spüren, kann ich mich öffnen in ekstatische Tiefen hinein. Und ich kann mich abgrenzen und meinen Raum halten. Die Haut ist eigentlich ein Herzorgan, so empfinde ich das. Es scheint mir unmöglich, mich von ihr zu verabschieden und dennoch zu hoffen, dass mein Herz, also das nichtkörperliche Innere meines Herzens, auch ohne sie weiterexistiert und ich (mich) dann fühlen kann."

„Ich werde meine Augen am meisten vermissen. Durch sie gelangt so viel Schönes in mein Inneres und die Bilder, die sie in mich hineinlassen, werden innere Bilder und in ihnen spüre ich mein Leben und kann es jederzeit wieder erfahren im Jetzt und in der Erinnerung, unendlich oft. Ich bin ein Farb- und ein Lichtmensch und ich male auch, was ich sehe und fühle. Ohne die Bilder, die in mich hineingleiten und sich in mir verwandeln, könnte ich mich nicht ausdrücken. Fast denke ich, ich könnte dann nicht mehr sein. Aber wenn ich gestorben bin, bin ich ja vermutlich auch nicht mehr, zumindest nicht mehr ich, oder?"

„Dein Duft verzaubert mich, hat mich immer verzaubert. Wie das Gras nach einem Sommerregen kann ich nicht genug bekommen vom Duft deiner Haut, wenn sie meine berührt. Alles duftet, die Nähe und die Weite, der Wind und das Meer, die Liebe meiner Mutter durch das gute Essen hindurch, der starke Geruch meines Vaters, wenn er von den Tieren kommt. Mein Zuhause besteht aus Düften. Ich will nicht duftlos sein, nie. Wenn ich mir vorstelle, dass es Menschen gibt, die ihren Geruchssinn verlieren, würde ich denken, dass ich dann nicht mehr leben wollte. Was ist das Leben denn noch, wenn ich seinen Duft nicht mehr riechen und schmecken kann mit allen Sinnen? Auch S. (die Schülerin, die starb) duftet gut, ihr Duft wird mir fehlen. Ich meine die eigentliche S., ihren eigenen Geruch, wenn sie nicht all diese Medikamente nimmt, die schon vorher alles verändern. Ich finde diese Aufgabe blöd und traurig. Das Traurige riecht auch, irgendwie salzig, weil ich gleich heulen muss. Ich will nicht, dass sie stirbt."

„Bei mir sind es die Ohren, also das Gehör meine ich. Ich liebe Musik, ich höre Musik, ich mache Musik, ich singe, ich schreibe und spreche alles aus, ich flüstere auf Poetry Slams meine innersten Gedanken in hörbare Form gegossen. Was ich flüstere, hören andere, lassen sich bewegen von meinen Worten, meiner Stimme, meinem ganz eigenen Klang. Ohne Klang kann ich nicht sein, werde ich nicht sein können, kann gar nichts sein, so erlebe ich es.

Obwohl der Klang eigentlich auch das ist, was mir zeigt, dass es Unendlichkeit gibt. Wenn mein Klang mein Herz verlässt und sich über meine Stimmbänder aus meinem Mund in die Welt bewegt und dort klingt und andere zum Klingen bringt und wenn ich dann irgendwann schweige, schwebt mein Klang weiter. Zum einen im Inneren, in all dem, was mein Herz in mir und in anderen zum Schwingen gebracht hat. Aber ja auch im Äußeren, physikalisch. Klang ist Schwingung, ist Welle, ist Energie, Energie vergeht nicht, sie verwandelt sich, nimmt andere Formen, andere Seinsweisen an, Energie kann nicht *nicht* sein. Wenn ich mich schon längst nicht mehr hören kann, hören oder erleben mich andere Weltwesen noch immer in anderen Frequenzen, verwandelt, was sie erleben, auch sie. Vielleicht bin ich in meinem Klang wirklich unendlich."

Übung:

Vorstellungen vom eigenen Sterben und Tod

(ca. zwei Stunden)

Vorbereitung:

- Suche dir einen ruhigen Ort, an dem du dich wohlfühlst und nicht gestört wirst, einen Ort, an dem du in Ruhe etwas aufschreiben kannst.
- Nimm deine Lebensspirale mit an diesen Ort, damit du den Reichtum deines Lebens auch bildlich vor Augen hast.
- Nimm dein schönes Heft zur Hand, das du für deine Forschungsreise ausgewählt hast, und einen Stift, mit dem du gerne schreibst.
- Lies dir zunächst alle folgenden Fragen in Ruhe durch, damit du einen Eindruck vom Umfang und von der Tiefe der Aufgabe bekommst.
- Entscheide dann, mit welchen Fragen du beginnen möchtest. Die Reihenfolge kann auch ganz anders sein, als du sie hier vorfindest.
- Denke daran, dass du die Aufgabe genauso machen kannst, wie es jetzt gerade für dich passt. Du entscheidest das. Alles, was hier steht, ist nur ein Vorschlag:

o Wenn du ausführlich antworten willst, tu das.

o Wenn du nur kurze Notizen machen möchtest, die dich selbst an deine Gedanken erinnern, tu das.

o Wenn du beides mischen möchtest, ist das o.k.

o Wenn du alles nur in Gedanken und gar nicht schriftlich machen möchtest, steht dir das frei.

o Du kannst Fragen weglassen oder hinzufügen.

o Denke daran, dass du selbst es bist, für die/den das hier zu Tuende nützlich sein soll.

Nimm dir Zeit!

Welche Vorstellungen leiten mein eigenes Leben, mein Sterben und meinen Tod?[26]

Fragen zu meiner Sterblichkeit und meiner Vorstellung vom Sterbeprozess:

- Welche Gefühle und Empfindungen habe ich zu meiner eigenen Sterblichkeit, zum Tod, der auf mich zukommen wird?
- Wie stelle ich mir mein eigenes Sterben vor?
- Wie und wo möchte ich sterben?
- Sind andere Menschen anwesend? Wenn ja, wer?
- Was geschieht im Moment meines Todes und unmittelbar danach, wie stelle ich mir das vor?
- Wie fühlt sich das Sterben an?

Fragen zum Rückblick auf mein Leben:

- Wenn ich auf mein Leben zurückblicke, was war kennzeichnend?
- Wie würde ich mich selbst beschreiben, mein Wesen in Worte fassen?
- Gibt es Dinge, die ich nicht „erledigt" habe, oder wichtige Seiten meiner Persönlichkeit, die nicht genügend gelebt sind? Welche?
- Möchte ich sie noch erledigen oder dürfen sie so bleiben, wie sie sind?
- Was habe ich bislang in die Welt gebracht?
- Was fehlt in der Welt, wenn ich jetzt zeitnah sterbe?
- Wie würde ich beschreiben, was mich einzigartig macht?

26 Frei nach Petra Hugo, Mat/Vorstellungen zu Sterben und Tod.doc.

Fragen zu meinen Vorstellungen nach dem Tod:

- Was geschieht unmittelbar nach meinem Tod mit meinem Körper?
- Was geschieht mit meiner Seele, meinem Geist oder wie auch immer ich das nenne?
- Gibt es in meiner Vorstellung eine Identität, die bleibt? Auf welche Weise?
- Wie geht meine Umgebung mit meinem Tod um? Was wünsche ich mir dazu?
- Was möchte ich, dass mit meinem Leichnam geschieht?
- Welche Vorstellungen habe ich von meiner Bestattung und Trauerfeier?
- Was wünsche ich mir für die Zeit anschließend?

Fragen zu meinem jetzigen Leben:

- Wie wirkt sich all das jetzt, heute und hier Gedachte und Gefühlte nun aus im Umgang mit meinem eigenen Leben und im Umgang mit meinem eigenen Tod?
- Wie wirkt es sich aus in meinem Umgang mit verstorbenen Menschen?
- Wie wirkt es sich aus in meinem Umgang mit sterbenden Menschen?
- Wie wirkt es sich aus in meinem Umgang mit trauernden Menschen?
- Wie wirkt es sich aus für mich selbst?
- Was brauche ich noch, um mit dem Tod möglichst stimmig für mich umgehen zu können?
- Was sind meine nächsten Schritte?

Wissen: Medizinisches und Rechtliches zum Sterbeprozess

„Tage vor deinem Tod, wenn noch niemand deine Sterbestunde kennt, hört dein Herz auf, Blut bis in die Spitzen deiner Finger zu pumpen. Wird anderswo gebraucht. In deinem Kopf. Im Kern deines Körpers, wo deine Lunge liegt, dein Herz, deine Leber. Auch aus den Zehenspitzen zieht sich das Blut zurück. Deine Füße werden kalt. Dein Atem verflacht. Sinne schwinden. Dein Körper leitet den Abschied vom Leben ein.
Später, wenn der Arzt den L-Schein ausfüllt, wird es so aussehen, als wäre dein Sterben einem streng geregelten Ablauf gefolgt, amtlich festgehalten im vertraulichen Teil deines Totenscheins, Blatt 1, Absatz I, Zeilen a) bis c). Aber das stimmt nicht.
Dein Sterben ist ein Prozess voller Dynamik, so einzigartig wie dein Leben. Jeder Mensch erlebt diesen Prozess auf seine eigene, einmalige Weise. Erst danach, im Tod, lässt sich dein Sterben in drei Stufen staffeln, die der Arzt in den Totenschein einträgt" (Schulz 2018, 12).

Auch wenn ich also im Folgenden den Sterbeprozess näher in den Blick nehme, möchte ich über notwendigen Generalisierungen die Einmaligkeit und Einzigartigkeit jedes einzelnen Sterbens nicht aus dem Auge verlieren.
Sterben vollzieht sich vor allem in mehreren Dimensionen: Die Fachliteratur unterscheidet die körperliche, die soziale (einschließlich der rechtlichen), die psychologische und die spirituelle Dimension des Sterbeprozesses. Während ich bislang überwiegend auf die psychische Dimension eingegangen bin, die die soziale Dimension immer auch streift, möchte ich hier mit Gedanken zu den körperlichen Aspekten des Sterbeprozesses beginnen:

Medizinisch ist der Eintritt des Todes dreigeteilt. Zunächst erfolgt der **klinische Tod**, definiert durch den Stillstand von Kreislauf und Atmung. Er ist bei vorher „gesunden" Menschen, die z. B. einen Herzinfarkt erleiden, durch Reanimation in einigen Fällen reversibel. Genau diesem Vorgang des klinischen Sterbens mit späterer Reanimation verdanken wir die Berichte von Nahtoderfahrungen.

Als Nächstes erfolgt der **Hirntod**, der sich durch den endgültigen Ausfall der gesamten Hirnfunktion definiert. Selbst bei Wiederherstellung des Kreislaufs und der Atmungsfunktionen ist dieser Tod irreversibel. Erst wenn das der Fall ist, ist ein Mensch in unserer Gesellschaft „juristisch" gestorben. D.h. dieser Tod ist auch die Voraussetzung für Organspenden.
Wer schon einmal längere Zeit bei einem verstorbenen Menschen gesessen hat, weiß, dass auch dieser juristische Tod auf eine Weise nicht vollständig ist. Manchmal sind Teile des Körpers, z. B. der Unterbauch mit Verdauungsorganen, noch am Folgetag weich und warm und fühlen sich lebendig an. Weil Körperzellen teilweise einen separaten Stoffwechsel haben, der nach klinischem Tod und Hirntod noch eine Zeit lang weiterarbeitet, erfolgt der **biologische Tod** deutlich langsamer.

Meine Studierenden ermutige ich zu Praktika in Bestattungsunternehmen, unter anderem um diese Unterscheidung und ihre Bedeutung für die Gefühlswelt der Angehörigen bezüglich der Geschwindigkeit von Bestattungsprozessen einmal zu spüren.

Sterben bedeutet also auf körperlicher Ebene kein plötzliches „Ausschalten", sondern eher ein allmähliches „Einstellen" der Lebensvorgänge. In vielen Kulturen werden Verstorbene drei Tage lang zu Hause aufgebahrt. Zum einen, damit sich die sozialen Abschiede in Ruhe vollziehen lassen, aber auch, um dem Leib des/der Verstorbenen, der sein Haus und Heiligtum auf dieser Erde war, die Zeit zu lassen, die er zum Sterben braucht, und ihm so eine Art von Ehrerbietung zu erweisen.

Rechtliche Aspekte zum Wissen: Auch hier in Deutschland haben wir das Recht, eine:n Verstorbene:n 36 Stunden (in den meisten Bundesländern) im eigenen Haus aufzubahren. Keine Privatperson, die diesen Zeitraum noch ausdehnen möchte, wird daran gehindert oder dafür bestraft. Das Gesetz gilt einzig für Bestattungsunternehmen, die, nachdem sie Kenntnis bekommen haben, den 36- Stunden-Zeitraum einhalten müssen. Der Arzt/die Ärztin, der oder die den Totenschein ausstellt, gibt die Information über den Tod weder an ein Bestattungsunternehmen noch an eine Behörde weiter. Diese Schritte müssen wir selbst tun.
Den Zeitraum von 36 Stunden können wir ausdehnen, indem wir das Bestattungsunternehmen erst anrufen, wenn wir wirklich mit einer Abholung des Verstorbenen einverstanden sind. Das kann auch erst nach 3 Tagen geschehen, wenn wir uns innerfamiliär einig sind. Zu bedenken ist nur, dass der Körper recht kühl gelagert sein sollte.
Wenn wir uns mit Erlaubnis wohler fühlen, können wir beim zuständigen Ordnungsamt anrufen und eine Verlängerung der Aufbahrungszeit aus religiösen Gründen beantragen. Diese Gründe müssen in der Regel nicht ausgeführt werden.
Eine häusliche Aufbahrung ist auch möglich, wenn der oder die Verstorbene im Pflegeheim oder Krankenhaus verstorben ist. Nach vorheriger Absprache können die Bestatter:innen den Leichnam in der Klinik oder im Heim abholen und zu Hause wieder aufbahren.

Der körperliche Prozess des terminalen Sterbens kann an folgenden Zeichen erkannt werden[27]:

1. Die/der Sterbende ist zu schwach, um zu sprechen, mit den Augen zu fixieren und zu schlucken.
2. Sie/er ist evtl. unruhig, fahrig, „möchte aus seiner/ihrer Haut heraus", ist verwirrt und benommen.
3. Die Schlafphasen sind signifikant länger als die Wachphasen. Nach und nach wechselt sich der Schlaf mit Bewusstlosigkeit ab.
4. Der Kreislauf wird schwächer, die Extremitäten kälter und die Haut blass und auf eine Art marmoriert.
5. Der/die Sterbende wird inkontinent oder sondert kaum mehr Harn ab.
6. Das Atemmuster verändert sich zunächst. Es kann Atemaussetzer geben.
7. Schließlich versagen der Husten- und Schluckreflex ganz und es kommt zu einer Art von Rasselatmung, die zwischen 30 Minuten und sieben Tagen dauern kann, in der Regel aber längstens einen Tag bis zwei Tage.
8. Dann erfolgt der klinische Tod, gefolgt von Hirntod und biologischem Tod.

Die sogenannte Rasselatmung kann begleitenden Angehörigen manchmal Angst machen, weil es sich nach einer Art „Todeskampf" anhören kann. Das ist aber nicht der Fall. Diese Art der Atmung wird durch nicht abgehusteten Schleim in den Bronchien erzeugt, der nicht mehr geschluckt werden kann, aber keinerlei Atemnot verursacht. Meist sieht man das auch in den Gesichtern der Sterbenden, die zwar rasselnd atmen, deren Gesichtsmuskulatur aber entspannt ist.

27 Verändert, nach Bausewein et al. (2000), 513.

„Das Sterben eines Menschen geht heute (...) meist nicht mit besonderen Schmerzen und Qualen einher. Treten sie unter spezifischen Bedingungen doch einmal in Erscheinung, so verfügt die moderne Medizin (in den allermeisten Fällen, Anm. der Verfasserin) über adäquate Analgetika und Sedativa, die ein schmerz- und qualfreies Sterben ermöglichen."[28]

Genaue Angaben dazu, wie ein Sterbeprozess verläuft und wie lange er dauern wird, lassen sich im medizinischen Sinne aber selbst in den letzten Tagen nicht machen. Die meisten Mediziner:innen wissen davon zu berichten, dass es Patient:innen gibt, die wegen eindeutig dokumentierter Ausfälle von lebenswichtigen Funktionen ihres Körpers schon längst tot sein müssten und doch manchmal noch Wochen leben. Ebenso gibt es Menschen, die sich medizinisch auf dem Wege der Besserung befinden und doch sterben. Der Spielraum eines Sterbeprozesses ist augenscheinlich ein individueller, der im Wesentlichen nicht von messbaren Parametern abhängig ist.

Und doch gibt es ein medizinisches Grundwissen über Sterbeprozesse, das hilfreich sein kann: Bekannt ist, dass das Sterben eines Menschen nicht „auf einmal" geschieht, sondern dass verschiedene Organe mit unterschiedlicher Geschwindigkeit und nicht zum gleichen Zeitpunkt ihre jeweiligen Funktionen zunächst einschränken und dann einstellen. Der Münchener Palliativmediziner Gian Domenico Borasio fasst diesen Prozess in seinem Buch „Über das Sterben" (2011) wie folgt zusammen: „Der eigentliche Tod stellt einen Zusammenbruch der koordinierten Tätigkeit der lebenswichtigen Körperorgane dar, deren Hauptfunktion es ist, das Gehirn mit Zucker und Sauerstoff zu versorgen. Äußerer Ausdruck dieses Zusammenbruchs ist das Erlöschen der Herz- und

28 Baust (1992), 82 f.

Atemtätigkeit. Grundsätzlich kann der Verlust der Funktionsfähigkeit jedes einzelnen lebenswichtigen Organs zum Tod führen. Dazu gehören Herz, Lunge, Leber, Niere und Gehirn. Alle Prozesse, die zum Tod führen, tun dies durch die direkte oder indirekte Schädigung eines oder mehrerer dieser Organe. Man könnte also sagen, dass es fünf physiologische Haupttodesarten gibt: den Herz-Kreislauf-, den Lungen-, den Leber-, den Nieren- und den Gehirntod" (ebd. 19).

Sowohl für die Sterbenden und ihre Angehörigen als auch für sie begleitende Therapeut:innen kann es nach meiner Erfahrung, wenn Fragen und Antworten erwünscht sind, beruhigend sein, zu wissen, welches Hauptorgan den bevorstehenden Sterbeprozess durch sein Versagen vermutlich „leiten" wird. Dieses Wissen ermöglicht Vorbereitung auf besondere Zustände während des Sterbens, auf die dann weniger angstgeleitet reagiert werden kann. Die Symptome während der Sterbeprozesse sind nämlich äußerst unterschiedlich (für folgende medizinische Angaben vgl. Borasio 2013, 18–22):

Beim *Lebertod* kann die Leber den Körper nicht weiter entgiften. So sammeln sich giftige Stoffwechselprodukte wie Ammoniak oder Bilirubin (Ursache für Gelbfärbung von Haut und Augen) im Blut. Sie haben eine dämpfende Wirkung auf das Gehirn. Die Patient:innen fallen in eine Art Dämmerzustand und schließlich ins „Leberkoma", in dem sie meist friedlich sterben. Kurz vor diesem komatösen Zustand kommt es manchmal zu Unruhe und Verwirrung, in die Sprache kaum mehr hineinreicht und die in der Palliativmedizin häufig durch die Gabe von Morphinen beruhigt werden. Hier können Angehörige aber oft durch ruhige gewohnte Berührungen und den besänftigenden Klang der eigenen Stimme, auch durch das Singen oder Summen bekannter und geliebter Lieder (Schlaflied der Mutter etc.) Beistand leisten und die Sterbenden so sanft ins Koma hineinbegleiten.

Der *Nierentod* verläuft ähnlich. Die Niere ist auch für Entgiftung zuständig, vor allem aber für das Aufrechterhalten der richtigen Ionenkonzentrationen (von Natrium, Kalium, Kalzium etc.) im Organismus. Für gewöhnlich fallen die Patient:innen ebenfalls in ein finales Koma und schlafen meist ruhig ein. Wenn aber das Ionengleichgewicht stark gestört ist, kann es zu Verwirrtheit, Herzrhythmusstörungen und Krampfanfällen kommen, denen ebenfalls palliativmedizinisch begegnet wird. Bei den ersten beiden Symptomen haben Angehörige ähnliche Möglichkeiten wie oben beschrieben, um die Beruhigung des jeweiligen Zustands zu unterstützen.

Für den *Gehirntod* gibt es zwei zu betrachtende Gruppen: einmal Menschen, die den Tod durch Gehirnschädigungen (z. B. Metastasen, Blutungen, Gewebeschwellungen) finden. Hier werden Teile des Gehirns in zu engem Raum „zusammengequetscht" (Borasio 2013, 21). Dadurch erlöschen die Hirnfunktionen, es kommt zu Bewusstlosigkeit und schließlich relativ rasch zum Tod. Das Sterben kann von Krampfanfällen und Schmerzen begleitet sein, die palliativmedizinisch eng begleitet werden. Unterstützend wirkt dann vor allem die beruhigende, wenn möglich auch durch Berührung fühlbare Anwesenheit von Angehörigen.
Die zweite Gruppe umfasst Menschen mit Demenzen und anderen neurodegenerativen Krankheiten, die einen fortschreitenden Hirnabbauprozess erleben, der am Lebensende dazu führt, dass das Gehirn lebenswichtige Funktionen wie am Schluss das Essen oder Schlucken nicht mehr steuern kann. Wegen der Langsamkeit der Degeneration verläuft der Sterbeprozess normalerweise friedlich. Die Patienten schlafen, „wenn sie nicht durch unnötige ärztliche Eingriffe gestört" werden (Borasio 2013, 22), meist ruhig ein.

Über den *Herz-Kreislauf-Tod* weiß man medizinisch besonders wenig (vgl. Borasio 2013, 19). Die meisten dieser Sterbeprozesse beruhen auf einer chronischen Herzinsuffizienz. Studien haben ergeben, dass die Symptome sterbender Herzpatienten in vielen Bereichen denen von Krebspatienten ähneln. Im Vordergrund stehen Schmerzen und Atemnot sowie eine durch die Herzschwäche ausgelöste extreme Abgeschlagenheit. Schmerzen, Atemnot und Abgeschlagenheit sind meist medizinisch zu lindern. Auch gezielte Atemübungen und leise entspannende Musik im Zimmer können unterstützen.

Beim *Lungentod* ist es das seltene Symptom der Atemnot, das die Lebensqualität Sterbender und ihrer Angehörigen am nachhaltigsten beeinträchtigt und durch die Gabe von Sauerstoff ausgeglichen wird.
Bei einer chronischen Atemschwäche (COPD = cronic obstructive pulmonary disease) durch Verengung der Atemwege bzw. Lungeninsuffizienz, sterben die Patienten oft friedlich im Schlaf, weil sich der Körper an den hohen CO_2-Spiegel gewöhnt und irgendwann in die „CO_2-Narkose" (Borasio 2013, 20) gleitet.

Nach meinen Erfahrungen lohnt es sich wie gesagt, die Ärzt:innen zu fragen, welches vermutlich das leitende Organ des Sterbeprozesses sein wird, und sich die darauffolgenden Umstände des Sterbens näher erklären zu lassen. Das kann die Sterbensängste erheblich lindern.
Meist kann die Aussicht auf einen schlafähnlichen Eintritt des Todes Sterbende und Angehörige beruhigen. Wenn dieser nicht zu erwarten ist, kann mit den Sterbenden und ihren Angehörigen abgesprochen werden, dass sie den Zeitpunkt signalisieren können, an dem sie medikamentös so stark sediert[29] werden möchten,

29 „Palliative Sedierung ist der überwachte Einsatz von Medikamenten mit der Absicht, das Bewusstsein zu reduzieren oder auszuschalten, um so die Belastung durch sonst unerträgliches und durch keine anderen Mittel beherrschbares Leiden zu lindern, in einer für Patienten, Familie und Behandler ethisch akzeptablen Wei-

dass sie mehr oder weniger bewusstlos sterben können. Allein die Möglichkeit dieser Absprache lässt viele Menschen auch ohne diese Art von Sedierung ruhig sterben.

Bei wenigen seltenen Erkrankungsformen, bei denen auch heute noch ein unter Umständen qualvolles Sterben nicht ausgeschlossen werden kann, ist in Deutschland seit Februar 2020 der ärztlich assistierte Suizid erlaubt[30], wenn es auch noch wenig erprobten Umgang damit gibt, da die Rechtslage für die Ärzt:innen noch nicht eindeutig geklärt ist. Für Mitglieder der Deutschen Gesellschaft für Humanes Sterben (DGHS e. V.) ist es unter vielen Bedingungen heute schon möglich, in Deutschland ärztlich assistiert zu sterben (www.dghs.de). Auch das Sterbefasten[31] wird auf einigen Palliativstationen und in vielen Hospizen begleitet.

Für die Begleitung von Sterbenden in ihrem Zuhause, dem am häufigsten gewünschten und selten verwirklichten Sterbeort, ist es wichtig zu wissen, dass gesetzlich Versicherten in Deutschland nicht nur die Begleitung durch einen Pflegedienst zusteht, sondern auch durch ein sogenanntes SAPV-Team. SAPV bedeutet spezialisierte ambulante palliative Versorgung. Zu einem Team gehören in der Regel ein ärztliches und ein pflegerisches Mitglied sowie Mitarbeiter:innen aus dem psychologischen sowie, wenn gewünscht, seelsorglichen Bereich. Wenn Sterbende den Wunsch haben, zu Hause zu sterben, und Angehörige das ermöglichen

se. Die Palliative Sedierung kann intermittierend oder kontinuierlich erfolgen und eine oberflächliche (mit reduziertem Bewusstsein) oder eher tiefe Sedierung (mit Verlust des Bewusstseins) zum Ziel haben. Die Intention besteht eindeutig in der Symptomlinderung, nicht in einer Beschleunigung des Todeseintrittes." (Deutsche Gesellschaft für Palliativmedizin e. V. (Hg.) (2014): Ärztlich assistierter Suizid. Reflexionen der deutschen Gesellschaft für Palliativmedizin, 8).

30 „Dieses Recht schließt die Freiheit ein, sich das Leben zu nehmen, hierfür bei Dritten Hilfe zu suchen" (Bundesverfassungsgericht Februar 2020). Eine den Ärzten Rechtssicherheit gebende Gesetzgebung ist jedoch im Bundestag (6.7.2023), dem die Umsetzung des Entscheids des BVG obliegt, gescheitert und verlangt weitere Bemühungen.

31 Sterbefasten bezeichnet den **f**reiwilligen **V**erzicht auf **N**ahrung und **F**lüssigkeit, um seinem Leben ein Ende zu setzen. Alternativ wird deshalb auch die Abkürzung FVNF verwendet.

möchten, können die Hausärzt:innen, bei erfolgter palliativer Diagnose, die SAPV-Versorgung verschreiben. Dann nehmen Sterbende und/oder Angehörige Kontakt mit dem für sie zuständigen SAPV-Team auf. Welches das ist, weiß ebenfalls die Hausarztpraxis. Das SAPV-Team vereinbart einen Besuchstermin zu Hause. Bei diesem Termin ist es sinnvoll, dass alle Haushaltsmitglieder, die in die Pflege der letzten Tage eingebunden sein werden, auch zugegen sind. In Ruhe können so medizinische wie andere Fragen gestellt und beantwortet und Unsicherheiten ausgeräumt werden. Das SAPV-Team steht von da an 24 Stunden täglich telefonisch zur Verfügung, sobald es Unsicherheiten gibt. Fragen wie „Ich habe den Eindruck, dass mein Angehöriger noch Schmerzen hat, obwohl die Dosis des empfohlenen Schmerzmittels bereits aufgebraucht ist, was kann ich tun?" werden auch mitten in der Nacht ruhig und freundlich beantwortet. Obwohl man nicht in der Klinik ist, kann man sich als Sterbende:r und Pflegende:r durch ein immer erreichbares medizinisches Backup wirklich sicher fühlen. Ich ermutige sehr zur Nutzung dieses immer noch nicht überall bekannten Rechts auf umfassende Unterstützung beim Sterben daheim.

Wissen:
Zur Begleitung von Sterbenden

Die meisten Sterbeprozesse beinhalten neben Krankheitssymptomen auch einfache körperliche Aspekte, die große Auswirkungen auf die Psyche haben. Denn das physische Sterben vollzieht sich häufig als ein langsames Abgeben von Fähigkeiten und Fertigkeiten, die uns Zeit unseres Lebens begleitet haben. Viele Sterbende erleben das als eine Art unterschiedlich schnell verlaufende „Rückwärtsentwicklung".

„Gestern konnte ich mich noch in der Zeit orientieren, heute weiß ich nicht einmal mehr, ob jetzt Morgen oder Abend ist. Vom Datum habe ich keinerlei Ahnung."
„Leider kann ich den Stift nicht mehr halten und nichts Längeres mehr aufschreiben."
„Irgendwie kann ich mich nicht mehr ablenken. Wenn ich zu lesen versuche, verschwimmt mein Blick und von Hörbüchern nehme ich immer nur noch eine ganz kleine Sequenz auf, bevor ich einnicke."
„Besonders schwer fällt es mir, mir eine Windel anlegen zu lassen. Das letzte Mal habe ich das für meinen Enkel getan, bevor der den Urin halten konnte. Jetzt machen Sie es bei mir, weil ich den Urin in diesem Leben nie wieder werde halten können."
„Nichts kann ich mir mehr selbst einfach kochen oder warm machen. Nach allem muss ich fragen und alles muss mir gebracht werden. Und wenn meine Tochter mich füttert, denke ich immer nur: das ist doch verkehrt herum."[32]

32 Zitate von Patient:innen sinngemäß wiedergegeben.

Je mehr sich der Mensch dem Sterben nähert, desto stärker konzentriert sich sein Lebensradius. Sehr unterschiedlich wird das als Reduzierung und Verengung oder als Zentrierung und Vertiefung empfunden. Oft auch zunächst als das eine und später als das andere.

Das Leben konzentriert sich zeitlich, örtlich, die Beziehungen sowie die Aktivitäten betreffend. Auch der Chef eines Riesenunternehmens mit unzähligen gesellschaftlichen Verpflichtungen und einer Menge Freundschaften stirbt meist „im engsten Familienkreis" und hat oft schon früh keinen Wunsch mehr nach großen Besucherströmen. Es bleibt nicht mehr genügend Kraft, allen gerecht zu werden. Unterschiedliche soziale Rollen können kaum mehr aufrechterhalten werden. Und auch hier kommt es auf die Persönlichkeit an, wie die Bewertung dieses Prozesses ausfällt.

„Für mich ist es eigentlich gut, dass ich gar keine Kraft mehr habe, irgendwohin zu fahren oder dass alle mich besuchen oder ich mit ihnen telefoniere. Das macht jetzt mein Sohn für mich. Ich habe das Gefühl, was hier passiert, ist ganz, ganz persönlich.

Ich muss mich jetzt um mich selbst kümmern und mehr kann ich auch nicht mehr. Denn wenn ich noch mehr könnte, würde ich es vermutlich auch tun. Mein so kraftloser Zustand zwingt mich, mich nur noch um mich selbst zu kümmern und höchstens noch um meine nächsten Lieben. In diesem Sinn ist Kraftlosigkeit vielleicht auch ein Segen."[33]

„Das Loslassen von geliebten Personen, Dingen und Fähigkeiten ist die wesentliche Komponente der sozialen Dimension des Sterbens. Viele Menschen tun sich damit unsäglich schwer, besonders, wenn ihnen Trennungen schon früher schwergefallen sind. Der Abschied ruft oft große Trauer, sogar Depressionen, Aggressionen etc. hervor. Die Umgebung, vor allem die Nächsten des Sterbenden, sind ebenfalls in den Prozess des sozialen Sterbens

33 Patient:innenzitat sinngemäß wiedergegeben.

eingebunden; sie müssen ihren Angehörigen gehen lassen" (Pfefferle 2003, 9) und zulassen, dass ihre eigene Lebenswirklichkeit sich grundlegend verändert.

In Kapitel 3 und 4 haben wir schon ausführlich darüber reflektiert, dass wir im Leben unbewusst erworbene und dem Leben nicht immer dienliche Verhaltensmuster, wie z. B. unseren eigenen Umgang mit Abschieden, wenn wir ihn nicht irgendwann bewusst anschauen und verwandeln, auch in unseren Sterbeprozess hineinnehmen. Das gilt für uns sowohl als Sterbende wie auch als nahe Begleitende eines Sterbeprozesses.

Es ist eine Art Doppelrolle, in der sich die begleitenden nahen Menschen befinden: Einerseits sind sie Trauernde und durchlaufen alle Phasen der Trauer, während sie zeitgleich den geliebten Menschen in seiner auf seinen Tod zulaufenden Trauer begleiten möchten bzw. müssen.

Aus der Trauerforschung der vergangenen 40 Jahre[34] ist hervorgegangen, dass sich bestimmte Phasen des Trauerns in fast allen Trauerprozessen finden lassen. Sowohl in den Trauerprozessen der Sterbenden als auch in den zeitgleich, aber nicht unbedingt parallel verlaufenden Trauerprozessen der sie begleitenden nahen Menschen. Diese Phasen werden nicht nacheinander durchlaufen, sondern eher zyklisch. Petra Hugo hat im folgenden Schaubild versucht, die Phasenmodelle von Elisabeth Kübler-Ross und von Verena Kast auf ihre ganz eigene Weise zu verbinden:

34 Elisabeth Kübler-Ross; Verena Kast u. a.

Trauerprozesse in der Sterbezeit

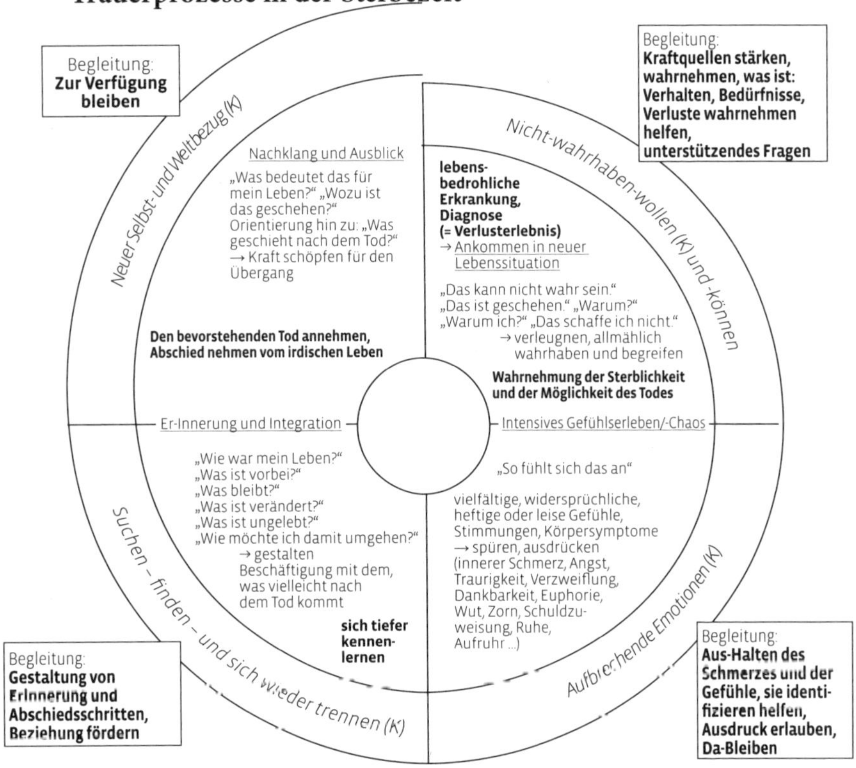

© Petra Hugo, Trauerzyklus Sterben Grafik.doc

Darstellung von Trauerprozessen in der Sterbezeit unter Verwendung der inneren Aspekte (Phasen-)Beschreibungen von Verena Kast (K). Den offenen Kreis versteht sie als Teil einer Lebensspirale

Bitte schau dir das Schaubild, bevor du weiterliest, in Ruhe an und nimm zunächst die einzelnen Aspekte im Kreis wahr. Lies dir alles ein- oder zweimal durch und vergleiche es mit bereits erworbenen Lebenserfahrungen. Dann betrachte die Aspekte in den umrandeten Vierecken.

„Die Kreiselemente werden von sterbenden Menschen als innere Aspekte erlebt, hin- und herspringend, mehrmals, ineinander übergehend, unvollständig, in unterschiedlicher Intensität und zeitlicher Länge …, jedoch nicht unbedingt (nur tendenziell) in chronologischer Folge. Auch die zugehörigen Menschen erleben angesichts des Sterbens einen Trauerprozess, auch in der Beziehung zum sterbenden Menschen“ (Hugo, 2014).

Während ich als begleitender naher Mensch also ganz ähnliche Abschiedsprozesse durchmache wie der sterbende Mensch, von dem ich mich gerade verabschieden möchte und/oder muss und oft auch mein äußeres Leben in einzigartiger Weise um ihn und diesen Abschied herum neu ordne, begleite ich diesen zeitgleich in seinen Prozessen.

Im Schaubild geben die Quadrate Tipps für die Qualitäten, die mein:e Angehörige:r in ihrer/seiner jeweiligen Phase von mir gerade gut gebrauchen könnte.
Wenn ich in solchen Situationen als Angehörige:r eine:n mir nahe:n Sterbende:n begleite, ist es sehr wichtig, mir immer auch Zeiten zu nehmen, in denen ich kurz aus der Begleitung heraustrete und meinen eigenen Prozess anschaue. Das kann ich abends tun, wenn ich aus der Klinik wieder zu Hause bin, oder während des Tages, wenn mich zu Hause jemand ablöst, oder bei einem kleinen Nachmittagskaffee oder an jedem Morgen kurz vor dem Aufstehen. Manchmal hilft es, den Wecker 10 Minuten früher zu stellen und vor dem Aufstehen Kontakt mit mir selbst aufzunehmen und damit, wie es mir gerade heute geht. Hierbei kann es auch hilfreich sein, auf meine natürlichen Ressourcen zurückzugreifen. Was tue ich sehr gern? Gibt es etwas davon, was ich in diesen Tag einfließen lassen kann? Wenn auch vielleicht in verkürzter Form? Anstatt von einem Alltagstermin zum nächsten zu hetzen, kann ich vielleicht fünf Minuten bewusst spazieren gehen und mich da-

bei ganz auf die Farben der Natur konzentrieren und auf meinen tiefen freien Atem? Oder kann ich mich heute Abend auf ein Bad freuen, das ich in Ruhe genießen möchte?

Was immer es auch sein kann, es ist unglaublich wichtig, nicht ganz im „Funktionieren" unterzugehen und das Leben auf das „Danach" zu verschieben, sondern auch im Begleiten meines nahen Menschen zumindest ein kleines Stück ganz eigenes Leben zu führen und mich dabei selbst zu spüren.

Gelingt das, kann ich in mir die Möglichkeit finden, mit den zu begleitenden Abschiedsschritten evtl. kreativer umzugehen, als ich es ohne diesen kleinen eigenen Erlebensraum vielleicht kann. Vielleicht kann ich so andere Perspektiven auf das Verhalten meines nahen Menschen gewinnen oder z. B. eine Kliniksituation anders beurteilen und mich selbstbestimmter darin bewegen.

Denn wie schon oben gesagt, machen Menschen in der Sterbephase eine umgekehrte Entwicklung durch, wobei sie oft genau beobachten, was ihnen weniger oder gar nicht mehr gelingt. Sie in dieser oft so empfundenen „Rückwärtsbewegung" würdevoll zu begleiten, ist gleichermaßen Aufgabe von Angehörigen wie Pflegenden – und oft nicht leicht. Manchmal hilft es, miteinander darüber zu reden, dass die Fähigkeiten und das Handlungsvermögen für Alltagsdinge zwar abnehmen, aber dafür das Bewusstsein sich in ganz anderer Weise erweitert: **Wenn ich mich in der Zeit nicht mehr orientieren kann, begegnet mir oft Bewegendes aus allen Zeiten meines Lebens. Wenn kein Raum mehr da ist, um dem großen aktuellen Freundes- und Bekanntenkreis zu begegnen, dürfen Personen aus der Vergangenheit wieder auf die Schwelle treten.**

Wenige Tage vor seinem Tod umarmte mich mein Schwiegervater immer besonders fest und herzte mich mit den Worten „Oh Dorchen, Dorchen, wie schön, dich wiederzusehen. Du warst aber lange nicht mehr da." Dorchen war seine vor mehr als 40 Jahren verstorbene Schwester. Ich teilte seine Freude von ganzem Herzen,

gerade indem ich ihm nicht sagte, dass ich gar nicht Dorchen sei und ihn außerdem jeden Tag besuche, sondern indem mir bewusst wurde, wie stark er schon „zwischen den Welten wanderte". Es berührte mich, gerade das so vermisste Dorchen sein zu dürfen.
Wenn das Hörvermögen abnimmt, kann es gelingen, nach innen zu hören. Als Musiktherapeutin passiert es mir oft, dass schwerhörige Menschen, mit denen kaum in normaler Lautstärke kommuniziert werden kann, mir von Melodien erzählen, die sie von früher wieder im Ohr haben (z. B. ihr Hochzeitswalzer, das Konzert der Wiener Philharmoniker bei einem wunderbaren Feuerwerk, das Lieblingslied ihrer ersten Verliebtheit, das sie immer noch mit ihrem ersten Kuss verbinden etc.). Oft erzählen sie dann Geschichten von schönen und bedeutsamen Lebensmomenten, die durch die in den Hintergrund tretenden Alltagsgeräusche wie von innen tönend wieder an ihren Bewusstseinsrand gespült werden und so erneut freudig durchlebt werden können.
All diese Phänomene können, wenn sie nicht nur als Verluste wahrgenommen werden, die Grenzen eines Lebens manchmal kurz vor dem Tod weit öffnen. Das für dieses Leben Bedeutsame betritt den Raum, der sonst immer von Aktuellem gefüllt war. Die Persönlichkeit der Sterbenden umgibt sich auf eine Art verdichtet mit ihrem ganzen Leben. Vergangenheit und Gegenwart verbinden sich und werden so gleichwertig wertvoll.

Wenn ich als Begleitende:r solche anderen Sichtweisen zulasse und mich nicht dagegen wehre, meinen mir oft unbewusst zugewiesenen Teil in dieser mir ungewohnten Situation anzunehmen, kann viel Berührendes geschehen. Durch solches Berührtwerden kann auch mein eigener Trauerprozess sich stark verändern und manchmal auch leichter werden.
Als beruflich oder ehrenamtlich Begleitende:r kann ich die An- und Zugehörigen darauf hinweisen, dass sie ihre eigenen inneren Trauerprozesse nicht unterschätzen und das Recht haben, ihnen

wie oben beschrieben Raum zu geben. Außerdem kann ich sie auf die „Vergrößerung" der Innenräume hinweisen, die mit der Verkleinerung des äußeren Lebensradius der Sterbenden einhergeht, und mich mit ihnen über den Umgang mit dieser Situation austauschen.

An dieser Stelle möchte ich ausdrücklich dazu ermutigen, **Kinder**, egal welchen Alters, in die Begleitungs-, Sterbe- und Trauerprozesse **einzubeziehen**. Wenn wir sie mitnehmen und ihnen die Situation zutrauen, wissen sie oft selbst genau, was zu tun ist. In der Klinik habe ich eine Situation erlebt, in der vier Enkelkinder im Alter von zwei bis elf Jahren in Begleitung von Vater und Mutter, einer Tante und einem Onkel von ihrer Oma Abschied genommen haben. Die Zweijährige saß auf dem Kopfkissen und versuchte, die Augen der Oma wieder aufzumachen. Sie rief dabei mehrmals „aufwachen". Die Elfjährige erklärte ihr, dass die Oma die Augen sowieso nicht mehr offenhalten könne, weil sie doch gestorben sei. Sie könne auch nicht mehr aufwachen. Sie würde nicht schlafen, sie sei tot, genau wie der Hamster der Familie, der vor vier Wochen gestorben war. Der Fünfjährige nahm immer wieder den Arm der Oma, hob ihn an und ließ ihn wieder aufs Bett fallen. Die Achtjährige versteckte sich hinter ihrer Mutter und beobachtete alles aus der Ferne. Nachdem der Fünfjährige sein Armexperiment ca. fünf Minuten erfolglos durchgeführt hatte, traten ihm Tränen in die Augen. Er gab seiner Oma einen Kuss auf die Hand und bat seinen Vater, ihn auf den Arm zu nehmen. Die Eltern ließen alles geschehen und vertrauten darauf, dass ihre Kinder in für sie guter Weise forschend mit der neuen Situation umgehen konnten. Diese Familienbegegnung, zu der ich wegen der Kinder hinzugerufen worden war, dauerte ca. 30 Minuten. Als alle auf ihre Weise Abschied genommen hatten, sangen wir gemeinsam das Lied „Von guten Mächten wunderbar geborgen", das das Lieblingslied der alten Dame gewesen war und das wir auch in ihren letzten Lebenstagen öfter gemeinsam gesungen hatten. Die jüngeren Kinder spielten dazu auf kleinen Instrumenten, die sie auch in Besuchssituationen schon ausprobiert hatten.

Als in meiner eigenen Familie drei Begräbnisse innerhalb von zwei Jahren aufeinanderfolgten, hörte ich beim dritten Begräbnis ein Gespräch zwischen dem sechsjährigen Marco und seiner gleichaltrigen Cousine: „Weißt du noch", sagte Marco, „bei Opa Erich haben wir Schneebälle ins Grab geworfen, bei der letzten Oma die Blätter von Blumen und jetzt bei der Oma werfen wir ganze Blumen rein. Wer denkt sich so was aus?"
Kinder haben ihre ganz eigene Beobachtungsperspektive. Sie sind nach meiner Erfahrung nur unsicher in ihrer Rolle, wenn die ihnen nahen Erwachsenen unsicher sind, ob es richtig ist, sie teilhaben zu lassen.
Je offener wir als Erwachsene ihnen gegenüber mit unseren Gefühlen umgehen, vor ihnen auch einmal weinen und ihnen erklären, dass das, genau wie in ihrem Erleben, auch wieder vorübergeht, desto selbstverständlicher können sie auch mit Situationen umgehen, in denen wir uns schwach und traurig fühlen. Meines Erachtens ist es wichtig, sie vor diesen Gefühlen nicht zu „schützen", sondern ihnen den Umgang damit zuzutrauen. So werden sie von Mal zu Mal sicherer.
Auch empfinde ich es als richtig, wenn wir ihre Fragen im Sterbekontext ehrlich beantworten. „Ich weiß es nicht" ist eine Antwort, die zumutbar ist. Auf die Frage, wo die verstorbenen Menschen jetzt sind, kann ich als Erwachsene:r ehrlich sagen, was ich denke, und gleichzeitig auch erklären, dass andere Erwachsene anderes denken und glauben. Viele gute Kinderbücher können in solchen Situationen auch Gespräche unterstützen.[35]

35 Eine Liste der in meinen Augen empfehlenswerten Kinderbücher befindet sich am Ende dieses Kapitels.

Dichte Gedanken

Dieses Kapitel möchte ich auf besondere Weise beschließen mit zwei Auszügen aus dem Werk von Rainer Maria Rilke, die jeweils einen besonderen, ganz der Person eigenen Sterbeprozess in seiner Dichte und Einmaligkeit beschreiben, und im Anschluss in Anlehnung an Rilke mit eigenen Gedanken nach dem Tod meines Vaters:

„Aber ich wollte dir von der Frau erzählen, welche starb. Sie starb also. Es war am Morgen und der Mann, der nicht geschlafen hatte, saß bei ihr und sah, wie sie starb. Sie richtete sich plötzlich auf und hob ihren Kopf und ihr Leben schien ganz in ihr Gesicht eingetreten und hatte sich dort versammelt und stand wie hundert Blumen in ihren Zügen. Und der Tod kam und riss es ab mit einem Griff, riss es heraus wie aus weichem Lehm und ließ ihr Angesicht weit ausgezogen, lang und spitz zurück. Ihre Augen standen offen und gingen immer wieder auf, wenn man sie schloss, wie Muscheln, in denen das Tier gestorben ist. Und der Mann, der es nicht ertragen konnte, dass Augen, die nicht sahen, offenstanden, holte aus dem Garten zwei späte harte Rosenknospen und legte sie auf die Lider, als Last. Nun blieben die Augen zu und er saß und sah lange in das tote Gesicht. Und je länger er es ansah, desto deutlicher empfand er, dass noch leise Wellen von Leben an den Rand ihrer Züge heranspülten und sich langsam wieder zurückzogen. Er erinnerte sich dunkel, in einer sehr schönen Stunde dieses Leben auf ihrem Gesichte gesehen zu haben, und er wusste, dass es ihr heiligstes Leben sei, das, dessen Vertrauter er nicht geworden war. Der Tod hatte dieses Leben nicht aus ihr geholt; er hatte sich täuschen lassen von dem Vielen, das in ihre Züge getreten war; das hatte er fortgerissen, zugleich mit dem sanften Umriss ihrer Profile. Aber das andere Leben war noch in ihr; vor einer Weile war es bis an die stillen Lippen herangeflutet und jetzt trat es wieder zurück, floss lautlos nach innen und

sammelte sich irgendwo über ihrem zersprungenen Herzen. Und der Mann, der diese Frau geliebt hatte, hilflos geliebt, wie sie ihn, der Mann empfand eine unsagbare Sehnsucht, dieses Leben, welches dem Tod entgangen war, zu besitzen. War er nicht der Einzige, der es empfangen durfte, der Erbe ihrer Blumen und Bücher und der sanften Gewänder, welche nicht aufhörten nach ihrem Leibe zu duften. Aber er wusste nicht, wie er diese Wärme, die so unerbittlich aus ihren Wangen zurückfloss, festhalten, wie er sie fassen, womit er sie schöpfen sollte? Er suchte die Hand der Toten, die leer und offen, wie die Schale einer entkernten Frucht, auf der Decke lag; die Kälte dieser Hand war gleichmäßig und stumm und sie gab bereits völlig das Gefühl eines Dinges, welches eine Nacht im Tau gelegen hat, um dann in einem morgendlichen Wind rasch kalt und trocken zu werden. Da plötzlich bewegte sich etwas im Gesichte der Toten. Gespannt sah der Mann hin. Alles war still, aber auf einmal zuckte die Rosenknospe, die über dem linken Auge lag. Und der Mann sah, dass auch die Rose auf dem rechten Auge größer geworden war und immer noch größer wurde. Das Gesicht gewöhnte sich an den Tod, aber die Rosen gingen auf wie Augen, welche in ein anderes Leben schauten. Und als es Abend geworden war, Abend dieses lautlosen Tages, da trug der Mann zwei große, rote Rosen in der zitternden Hand ans Fenster. In ihnen, die vor Schwere schwankten, trug er ihr Leben, den Überfluss ihres Lebens, den auch er nie empfangen hatte."

RAINER MARIA RILKE: DER TOTENGRÄBER, 1903

„Der Tod des Kammerherrn Christoph Detlev Brigge auf Ulsgaard. (...) Dieser lag, groß über seine dunkelblaue Uniform hinausquellend, mitten auf dem Fußboden und rührte sich nicht. In seinem großen, fremden, niemandem mehr bekannten Gesicht waren die Augen zugefallen: er sah nicht, was geschah. Man hatte zuerst versucht, ihn auf das Bett zu legen, aber er hatte sich dagegen gewehrt, denn er hasste Betten seit jenen ersten Nächten, in denen seine Krankheit gewachsen war. Auch hatte sich das Bett da oben als zu klein erwiesen, und da war

nichts anderes übriggeblieben, als ihn so auf den Teppich zu legen (...). Da lag er nun, und man konnte denken, dass er gestorben sei. (...) Auch von der Dienerschaft standen jetzt die meisten draußen in dem weißen Gang, der heller war als das Zimmer; die aber, welche noch drinnen geblieben waren, sahen manchmal heimlich nach dem großen, dunkelnden Haufen in der Mitte, und sie wünschten, dass das nichts mehr wäre als ein großer Anzug über einem verdorbenen Ding. Aber es war noch etwas. Es war eine Stimme, die Stimme, die noch vor sieben Wochen niemand gekannt hatte: denn es war nicht die Stimme des Kammerherrn. Nicht Christoph Detlev war es, welchem diese Stimme gehörte, es war Christoph Detlevs Tod.
Christoph Detlevs Tod lebte nun schon seit vielen, vielen Tagen auf Ulsgaard und redete mit allen und verlangte. Verlangte, getragen zu werden, verlangte das blaue Zimmer, verlangte den kleinen Salon, verlangte den Saal. Verlangte die Hunde, verlangte, dass man lache, spreche, spiele und still sei und alles zugleich. Verlangte Freunde zu sehen, Frauen und Verstorbene, und verlangte selber zu sterben: verlangte. Verlangte und schrie.
Denn, wenn die Nacht gekommen war und die von den übermüden Dienstleuten, welche nicht Wache hatten, einzuschlafen versuchten, dann schrie Christoph Detlevs Tod, schrie und stöhnte, brüllte so lange und anhaltend, dass die Hunde, die zuerst mitheulten, verstummten und nicht wagten sich hinzulegen und, auf ihren langen, schlanken, zitternden Beinen stehend, sich fürchteten. Und wenn sie es durch die weite, silberne, dänische Sommernacht im Dorfe hörten, dass er brüllte, so standen sie auf wie beim Gewitter, kleideten sich an und blieben ohne ein Wort um die Lampe sitzen, bis es vorüber war.
Christoph Detlevs Tod, der auf Ulsgaard wohnte, ließ sich nicht drängen. (...) Das war nicht der Tod irgendeines Wassersüchtigen, das war der böse, fürstliche Tod, den der Kammerherr sein ganzes Leben lang in sich getragen und aus sich genährt hatte. Alles Übermaß an Stolz, Willen und Herrenkraft, das er selbst in seinen ruhigen Tagen nicht hatte verbrauchen können, war in seinen Tod eingegangen, in den Tod,

der nun auf Ulsgaard saß und vergeudete. Wie hätte der Kammerherr Brigge den angesehen, der von ihm verlangt hätte, er solle einen anderen Tod sterben als diesen. Er starb seinen schweren Tod.
Und wenn ich an die andern denke, die ich gesehen oder von denen ich gehört habe: es ist immer dasselbe. Sie alle haben einen eigenen Tod gehabt. Diese Männer, die ihn in der Rüstung trugen, innen, wie einen Gefangenen, diese Frauen, die sehr alt und klein wurden und dann auf einem ungeheueren Bett, wie auf einer Schaubühne, vor der ganzen Familie, dem Gesinde und den Hunden diskret und herrschaftlich hinübergingen. Ja die Kinder, sogar die ganz kleinen, hatten nicht irgendeinen Kindertod, sie nahmen sich zusammen und starben das, was sie schon waren, und das, was sie geworden wären."

RAINER MARIA RILKE: DIE AUFZEICHNUNGEN DES MALTE LAURIDS BRIGGE, 1910

GESTORBEN IM NOVEMBER 2022 MIT 31 JAHREN

Oh Herr gib jedem seinen eignen Tod.
Das Sterben, das aus jenem Leben geht,
darin er Liebe hatte, Sinn und Not.

Denn wir sind nur die Schale und das Blatt.
Der grosse Tod, den jeder in sich hat,
das ist die Frucht, um die sich alles dreht.

Rainer Maria Rilke[36]

Wenn ein Mensch gerade gestorben ist, dann hat die Ruhe nach dem letzten Atemzug manchmal eine ähnliche Qualität, als hätte in diesem Moment ein Symphonieorchester ein großes Werk beendet und in den wenigen Augenblicken, bevor der Applaus beginnt, steht das Ganze noch einmal wie verdichtet, zusammengefasst, atemlos in der Stille.
Nach dieser Pause bricht dann der Applaus los und der Eindruck verteilt sich.
Nach der Stille, der Pause nach dem allerletzten Atemzug, beginnt meist das Schluchzen, die Tränen fließen und die Aufmerksamkeit liegt wieder auf den Angehörigen, auf denjenigen, die lebend den Abschied vollziehen, und auf dem, was sie verloren haben.
Aber in diesem kleinen Dazwischen ist auf eine Art alles noch einmal da und zeigt sich, bevor es sich verteilt oder weggleitet und nur noch in Bruchstücken spürbar ist.

Der Gedanke, dass ein Meisterstück gelungen ist, kann oft erst in der Trauerfeier wieder aufleben und hier findet manchmal auch die Verneigung statt vor dem Großen, das mit jedem Leben vollendet wurde.

36 Rilke (1918): Das Stundenbuch. Leipzig, 86.

Der Tod aber, in aller Unterschiedlichkeit der Sterbeverläufe und mit allem, was dazugehört, ist vielleicht die Geburt der Essenz dessen, was ich in meinem ganzen Leben geworden bin … und das Sterben der Geburtsprozess dieser Essenz.

Vorbereitung aufs Sterben kann wie eine große Geburtsvorbereitung gelebt und erlebt werden. Eine Geburtsvorbereitung, in der Schritt für Schritt die Ängste niedergelegt werden und die Konzentration auf das Wesentliche in den Mittelpunkt rückt.
Wenn die Angst weicht, werden wir wesentlich.

Wenn die Angst vor dem Tod aber nun schon vor dem Sterben weicht, wenn wir, wie anfangs schon einmal durchdacht, das allgemeine Spiel innerlich nicht mehr mitspielen, sondern uns einfach schon jetzt aufs Wesentliche konzentrieren?

Was erwartet uns?

Freude und
lebendigstes Leben

Literatur

Albrecht, Elisabeth, Orth, Christel, Schmidt, Heida (2002): Hospizpraxis. Ein Leitfaden für Menschen, die Sterbenden helfen wollen. Freiburg im Breisgau.

Aubert, E. (2008): Lebensqualität in der Palliativmedizin. In: Aubert, E., Nauck, F., Radbruch, L. (Hg.): Lehrbuch der Palliativmedizin. 2. Aufl. Stuttgart/New York, 15–35.

Bausewein, Claudia, Roller, Susanne, Voltz, Raymond (Hg.) (2000): Leitfaden Palliativmedizin. München und Jena.

Bausewein, Claudia et al. (2005): Arzneimitteltherapie in der Palliativmedizin. München.

Baust, Günter (1992): Sterben und Tod. Medizinische Aspekte. Berlin.

Borasio, Gian Domenico (2013): Über das Sterben. Was wir wissen. Was wir tun können. Wie wir uns darauf einstellen. München.

Frick, Eckhard, Vogel, Ralf T. (Hg.) (2012): Den Abschied vom Leben verstehen. Psychoanalyse und Palliative Care. Stuttgart.

Jung, C. G. (1934/1967): Seele und Tod. In: Niehus-Jung, M. et al. (Hg.): Gesammelte Werke, Bd. 8. Zürich, Stuttgart, 461–474.

Martenstein, Harald (2013): Sich mit der eigenen Sterblichkeit abfinden: Ist das überhaupt möglich? In: GEOWISSEN, Heft 51, 24–27.

Müller, Monika (2006): Dem Sterben Leben geben. 2. Aufl. Gütersloh.

Pfefferle, Ursula (2003): „Behutsam will ich dir begegnen …“. Musiktherapie im Hospiz. Diplomarbeit, Studiengang Musiktherapie, Universität Münster.

Rachl, Sabine (2019): Der Atem als Spielraum am Ende des Lebens. In: Tüpker, Rosemarie (Hg.): Spielräume der Musiktherapie. Wiesbaden, 121–134.

Rinpoche, Sogyal (1994): Das tibetische Buch vom Leben und vom Sterben. Ein Schlüssel zum tieferen Verständnis von Leben und Tod. Bern u. a.

Schulz, Roland (2018): Wie Sterben abläuft: Ganz am Ende. In: SZ-Magazin 26. Juni 2018, 10–19. Auch als Buch erhältlich: Schulz, Roland (2018): So sterben wir. Unser Ende und was wir darüber wissen sollten. München.

Vogel, Ralf T. (2012): Todesthemen in der Psychotherapie. Ein integratives Handbuch zur Arbeit mit Sterben, Tod und Trauer. Stuttgart.

Znoj, Hans Jörg (2012): Trauer und Trauerbewältigung. Psychologische Konzepte im Wandel. Stuttgart.

Literatur für Kinder

Doughty, Caitlin (2020): Was passiert, wenn ich tot bin? Große Fragen kleiner Sterblicher über den Tod. München. Ab 7 Jahren.

Erlbruch, Wolf (2010): Ente, Tod und Tulpe. München. Ab 3 Jahren.

Mennen, Patricia (2019): Abschied, Tod und Trauer (Wieso? Weshalb? Warum?). Ravensburg. Ab 4 Jahren.

Rachl, Sabine (2014): Tavias Reise. Unterwegs in den Zeitlostraum. Köln. Ab 6 Jahren.

Saalfrank, Heike, Goede, Eva (2017): Abschied von der kleinen Raupe. Würzburg. Ab 3 Jahren.

Schroeter-Rupieper, Mechthild (2020): Geht Sterben wieder vorbei? Antworten auf Kinderfragen zu Tod und Trauer. Stuttgart. Ab 4 Jahren.

Schroeter-Rupieper, Mechthild, Kienecker, Jule (2023), Hilf mir, wenn ich traurig bin. Ein Buch zum Trauern, Erinnern und Abschiednehmen. Kreatives und Mutmachendes für Kinder und Erwachsene. 3. Aufl., Ostfildern.

Teckentrup, Britta (2013): Der Baum der Erinnerung. München. Ab 4 Jahren.

Varley, Susan (2009): Leb wohl, lieber Dachs. Wien. Ab 3 Jahren.

Von Kampen, Anja (2019): Knietzsche und der Tod. Alles über die normalste Sache der Welt. Berlin. Ab 8 Jahren.

Kinder- und Jugendbücher zu Tod und Sterben und Krebserkrankung: Empfehlenswert ist m. E. die als PDF herunterladbare Literaturliste der Uniklinik Freiburg. Hier werden nicht nur Literaturangaben geboten, sondern auch kleine Zusammenfassungen der empfohlenen Bücher: https://www.uniklinik-freiburg.de/fileadmin/mediapool/09_zentren/cccf/pdf/Literaturliste_Bestand_zum_Verschicken_Juli_2021.pdf [letzter Abruf 31.07.2023]

Zwischenbilanz: Wer bin ich und wer möchte ich sein?

Wenn du mit dem Lesen und den Übungen bis zu diesem Punkt gekommen bist, hast du schon einen weiten inneren Weg zurückgelegt. Kannst du spüren, dass du intensiv in Kontakt mit dir selbst gegangen bist? Mit deiner Geschichte? Haben sich Gespräche mit nahen Menschen oder Zwiegespräche mit dir selbst ergeben? Fühlst du dich dir selbst nah?

An dieser Stelle deiner Forschungsreise geht es darum, dich dir selbst, deinem ganz eigenen Verständnis von Lebenssinn und deinen inneren Möglichkeiten zuzuwenden.

Übung:
Mein Wesens-Spiegel (1–2 Stunden)

Wie oft sehen wir unser Gesicht im Spiegel an? Was fällt uns dabei auf? Worauf achten wir? Unser Gesicht, dieses äußere Bild unser selbst, sehen und pflegen wir täglich wie selbstverständlich. Ab und zu tut es gut, auch unser inneres Gesicht in den Blick zu nehmen, das, was uns ausmacht, was geformt wurde durch die Erfahrungen unseres Lebens und durch die Art, wie wir sie bewältigt haben, unser Ureigenstes, was nur wir auf dieser Welt sein können, eines intensiveren Blickes zu würdigen.
Die folgenden Fragen können dich anregen, kurz innezuhalten und dich selbst auf ganz eigene Weise in den Blick zu nehmen, in den Spiegel deiner Seele zu schauen. Wenn dir das Wort „Seele" zu bedeutungsschwer oder belastet erscheint, kannst du es durch „Essenz" oder „ureigenstes Wesen" ersetzen: Die Fragen können dir helfen, in den Spiegel deines wirklichen Seins zu schauen, dein inneres Gesicht zu betrachten.

Vorbereitung:

- Nimm für deine Antworten wieder dein schönes Begleitheft, deine Farben und einen Schreibstift zur Hand.
- Vielleicht malst du dir leere Kreise auf dein Blatt und füllst sie mit eigenen Farben. Lass eine Art Mindmap entstehen, die du jederzeit ergänzen kannst.
- Suche dir einen guten Ort, vielleicht in der Natur oder deinem Zuhause, einen Ort, wo du dich dir selbst nahe fühlst und eine Zeit für dich allein sein kannst.

Was ist für mich wesentlich?

- Welche Bereiche meines Lebens gehören unverzichtbar zu mir selbst?
- Gibt es eine innere „Rangfolge“ dieser Bereiche?
- Was sind meine Kraftquellen, d. h. was gibt mir in meinem Leben Kraft?
- Wie fühlt sich „wesentlich“ für mich an? Was bedeutet dieses Wort für mich? (Z. B. wichtig, da bin ich ganz ich, diese Rolle kann nur ich ausfüllen, hier bin ich mit meiner ganzen Person gefragt etc.)
- Wie fühle ich mich in Bezug auf die einzelnen Bereiche, die ich für mich als wesentlich identifizieren kann?
- Widme ich ihnen genug Zeit? Schenke ich ihnen genug Aufmerksamkeit?
- Was möchte ich verändern?

Wann bin ich zufrieden?

- Was sind die Quellen meiner Zufriedenheit?
- Wofür bin ich dankbar?
- Wann fühle ich mich wohl?
- Wie fühlt sich Zufriedenheit für mich an?
- Wo fühle ich die Zufriedenheit körperlich (eher im Bauchraum oder im Herzen oder dadurch, dass ich frei atmen kann, oder … oder …)?
- Wenn ich auf mein Leben schaue: In welchen Bereichen empfinde ich Zufriedenheit?
- Was möchte ich verändern?

Wer bin ich und wer will ich sein?

- Was zeichnet meine Persönlichkeit aus?
- Ich schreibe so viele Adjektive (Wiewörter) oder Zuschreibungen wie möglich auf, die mich, d. h. meine Persönlichkeit beschreiben (z. B. freundlich, zugewandt, ehrlich, ernst, lustig, gute Freundin, ruhiger Berater etc.).
- Wenn mir das schwerfällt, bitte ich Freund:innen und Familienmitglieder, aufzuschreiben, was ihnen zu mir einfällt, und füge es meiner eigenen Aufzählung hinzu, wenn es für mich passt.
- Welche meiner selbst gefundenen oder von nahen Menschen hinzugefügten Eigenschaften oder Zuschreibungen gefallen mir? Welche „stimmen“ für mich?
- Gibt es auch welche, die ich gern verändern würde? Wenn ja, welche und wie?

Wann bin ich glücklich?

- Wie fühlt sich Glück für mich an?
- Was sind meine Glücksquellen?
- Wenn ich auf mein Leben schaue: In welchen Bereichen empfinde ich Glück?
- Was möchte ich verändern?

Wann erlebe ich mein Leben als sinnvoll? Wofür will ich mein Leben nutzen?

- Was bedeutet „Sinn“ für mich?
- Möchte ich überhaupt „sinnvoll wirken“?
- Wenn ja, in welchen Bereichen und wie?
- Wenn ich auf mein Leben schaue, wo empfinde ich mich als sinnvoll wirkend?
- Wofür will ich mein Leben nutzen?
- Was möchte ich verändern?

Durch diesen intensiven, breit gefächerten Blick in den Spiegel deines Inneren hast du schon einen guten Zugang zu dir selbst im Heute, im jetzigen Augenblick bekommen.
Du hast Zwiesprache mit dir gehalten, ohne zunächst den Aspekt des Sterbens zu berühren.
Mit der Folgeübung nimmst du diesen Aspekt nun in deine Innenfühlung, in deine Lebensschau mit hinein:

Übung:

Biografiearbeit mit der Lebensspirale (Teil 3)

Betonter Aspekt:
Zukunft – Wie möchte ich leben? Wie möchte ich sterben? (30–60 Minuten)

Vorbereitung:

- Suche dir einen ruhigen Ort, an dem du dich wohlfühlst und nicht gestört wirst, einen Ort, an dem du etwas notieren kannst.
- Nimm deine Lebensspirale mit an diesen Ort.
- Nimm einen Stift, mit dem du gut schreiben kannst.
- Nimm deine Farben mit.
- Nimm dein schönes Heft mit, das du für deine Forschungsreise ausgewählt hast.

1. Schau dir deine bis hierhin gewachsene Lebensspirale in aller Ruhe an. Lass dir Zeit mit dem Schauen und Erinnern all der inneren und äußeren Bewegungen, die du bis hierhin schon gemacht hast. Betrachte deine Lebensreise möglichst liebevoll und mit innerer Freundlichkeit und lass dich von ihrer Vielfalt berühren.

2. Dann begib dich an den Punkt, den du als „HEUTE“ definierst. Wie fühlt sich dieser Punkt an? Vielleicht findest du Farben oder Symbole für ihn?

3. Schau von da aus in deine Zukunft. Hast du an das Ende deiner sichtbaren Spirale eine Zahl gesetzt, die dein Sterbealter markiert? Falls ja: Möchtest du diese Zahl heute verändern oder kann sie bleiben?

4. Schau dir nun den Lebensraum von deinem HEUTE zum sichtbaren Ende deiner Lebensspirallinie an: Welche Wünsche hast du an dich selbst und dein Leben? Was möchtest du noch alles erleben, bevor du stirbst? Magst du das in Phasen einteilen und Überbegriffe finden? Oder brauchst du einfach nur einen einzigen großen unstrukturierten Raum, in dem du Wunschschnipsel und Gedankenfetzen festhältst?

5. Welche eigene Haltung zu Tod und Sterben wünschst du dir für diese noch kommenden Phasen? Welche Gefühle möchtest du deinem eigenen Tod entgegenbringen/mit welcher Haltung möchtest du ihm begegnen?

Übung Teil 2 (nach der Arbeit mit der Lebensspirale Teil 3)

- Schreibe diesen letzten Punkt 5, die Haltung, mit der du irgendwann in der Zukunft deinem eigenen Sterben und Tod begegnen möchtest, auch in dein schönes Heft.
- Was möchtest du an deiner jetzigen Haltung noch verwandeln, damit sie in deine gewünschte Haltung hineinwachsen kann? Wie möchtest du das tun?
- Was ist dein nächster Schritt?

6 Spirituelles Erleben im Sterbeprozess

Bevor du dieses Kapitel zu lesen beginnst, nimm deinen Stift zur Hand und lass dir Zeit, bei folgender Assoziationsübung deine Einfälle zu notieren:

Welche Assoziationen und Bilder entstehen in mir, wenn ich den Begriff „Religion" höre?

Welche Assoziationen und Bilder entstehen in mir, wenn ich den Begriff „Spiritualität“ höre?

Zum (möglichst nachträglichen) Vergleich bekommst du hier einen Assoziationsmix aus einem meiner Kurse zu beiden Themen:

Welche Assoziationen und Bilder entstehen in dir, wenn du den Begriff „Religion" hörst?

menschengemacht, Zwänge, Lessings Ringparabel, Gott, Anstrengung, Kultur, Kirche, Krieg, Gruppen sortieren, Schweben, Spiegel der Zeit, Symbole, Rituale, Geborgenheit, Kerzen, Zugehörigkeit, Lieder, Altar, religare – sich verbinden, Todesangst, Glauben, Beten, Zweifel, Vaterunser, Natur, Regeln, Schöpfung, sich hinknien vor etwas, Demut, Gemeinschaft, Reinigung, Hölle, Fegefeuer, Himmel, Beichten, Sünde, Heil, Mutter Gottes, Vergebung, Verehrung, Weihrauch, Andacht, Bibel, Koran, Prophet, Tanzen, Psalmen, Stille, Jenseits, Raum, Diesseits, Gesangbuch, Allah, Liebe, Ökumene, heilig, Kirche, Moschee, Synagoge, Tempel, Kreis, Friedhof, Missionare, Hostie, Abendmahl, Kommunion, Beerdigung, Trauerort, Kraftort, Amen, Kunst, Reliquie, Heilige, Fanatismus, Kreuz, Kreuzzüge, Auferstehung, Papst, Bischof, Pfarrer, Diakon, Nonne, Imam, Keuschheitsgelübde, Singen, Nikolaus, Feiertage, Osterfeuer, Weihnachten, Engel, Lamm, Schäfchen, „Bin kein Schäfchen", Prunk, Schäfer, Hirte, Idolatrie/Irrglauben, Sakrileg, Zölibat, Dom, Kloster, Einkehr, Exerzitien, Vesper, Glocken, der Glöckner, Notre Dame, Ruhe, Musik, Thora, Protestanten und Katholiken, Götter …

Welche Assoziationen und Bilder entstehen in dir, wenn du den Begriff „Spiritualität" hörst?

Seele, Weite, Geist, Natur, sinnlich und übersinnlich, Rituale, Esoterik, Zeitlosigkeit, kulturübergreifend, Meditation, Yoga, Mantra, Kontemplation, Geister, Achtsamkeit, Orange, Leiblichkeit, Jenseits, Leichtigkeit, Liebe, wesentlich werden, Intuition, Selbstfürsorge, Schöpferkraft, Wesen, annehmen, Lebensaufgabe, Ausrichtung, amorph, innere Kraft, Stärke, Klang, Drogen, Visionen,

Sensitivität, Erscheinung, Schmuckstücke, Dalai Lama, Chakra, Erkenntnisse, Heilung, heilsam, Offenbarung, Erde, Zielfindung, sinnstiftend, Atem, Nirvana, Ruach, Feinstofflichkeit, Unterbewusstsein, unerklärbar, Vollkommenheit, Schwammigkeit, alte Kulturen und Sprachen, Archetypen, Schwingung, Bewegung, Aura, Musik, Gesang, Spüren, Leben und Tod, Übergänge, existenziell, Medium, schön, Dankbarkeit, Blütenessenzen, Erleuchtung, beseelt, Befähigung, Weg, Energie, selig, Gemeinschaft, verbindend, Freiheit, Menschsein, Verbundenheit, Tiefe, Feder, Unendlichkeit, Friede, Erfüllung, Gemütsentfaltung, Akzeptanz, Toleranz, Balance, Hoffnung, Transzendenz, Ende, Anfang, Licht und Wärme, Resilienz, Kreis, Kreuz, Wiedergeburt, Gelassenheit, Haltung, drittes Auge, Harmonie …

Was fällt auf?

Zunächst einmal, dass der Begriff „Spiritualität“ hier als der freiere definiert wird und insgesamt „positiver“ assoziiert ist als der Begriff der „Religion“. Zu viel und zu schwere Geschichte scheint an Letzterem zu hängen. Gleichzeitig nehmen die Bilder, die mit „Spiritualität“ assoziiert sind, häufiger Bezug auf Inneres, Wesentliches und scheinen in ihrer Art wertfreier zu sein.

Was ist Spiritualität?

„Spiritualität (lateinisch spiritus: Geist, Hauch) bedeutet im weitesten Sinne eine Form von Geistigkeit als Gegensatz zum rein rationalen Denken und einer materiellen Körperlichkeit. Jeder Mensch ist seiner Natur nach spirituell (geistig), sofern er nach Sinn und Wert sucht. Spiritualität ist somit weder eine eigentlich esoterische noch religiöse Praktik, sondern eine grundlegende Dimension des Menschseins“ (Bruns 2007, 490). Spiritualität kann ein Element von Religiosität sein, begegnet aber auch bei Menschen, die sich selbst als gar nicht religiös oder agnostisch beschreiben.

In meinem ersten Berliner Kurs waren über die Hälfte der Fortzubildenden aus dem Osten Deutschlands gebürtig und in ihrer Kindheit und Jugend in keiner Weise religiös sozialisiert. Als wir über Spiritualität sprachen, berichteten vier von ihnen, dass sie erst durch ihre musikalische Arbeit mit Sterbenden überhaupt mit dieser anderen Dimension in Berührung gekommen seien bzw. in Gespräche darüber verwickelt wurden. „Wer im Krankenhaus, im Hospiz oder in anderen Einrichtungen des Gesundheitswesens arbeitet, macht in der Begegnung mit Patienten oder ihren Angehörigen öfter die Erfahrung: Das, was mir da eben begegnet ist, hat etwas mit Spiritualität zu tun. Was der Patient eben gesagt hat, die Geste, die er gemacht hat, das Schweigen in diesem Augenblick hat eine andere Atmosphäre als sonstige Alltagsaussagen und berufliche Handlungen. Solche Momente haben meist wenig Dramatisches oder pathetisch Erhabenes an sich. Sie müssen auch nicht erst in der Nähe des Todes oder in Verbindung mit großer Lebensnot stehen, sie müssen auch nicht direkt mit den großen Lebensthemen, z. B. Hoffnung auf ein Weiterleben nach dem Tod, Beziehung zu einem höchsten Sinn oder dem Göttlichen, in Verbindung stehen. Sie ereignen sich in ganz normalen Situationen und übersteigen diese doch in bemerkenswerter Weise. Natürlich gibt es auch die ‚großen' Momente von tiefer Ergriffenheit und Erhabenheit; und wir begegnen auch tief religiösen Aussagen und Haltungen. Aber genau diese große Spielbreite von kleinen, eher alltäglichen bis zu großen Erfahrungen muss heute unter dem Begriff ‚Spiritualität' Platz finden" (Weiher 2014, 23).

Marie Luise Kaschnitz beschreibt solche Alltagsmomente in ihrem Gedicht „Auferstehung"[37]:

37 Marie Luise Kaschnitz (1979), Auferstehung. In: Seid nicht so sicher. Geschichten, Gedichte, Gedanken, Gütersloh 1979, 73 f.

Manchmal stehen wir auf
Stehen wir zur Auferstehung auf
Mitten am Tage
Mit unserem lebendigen Haar
Mit unserer atmenden Haut.

Nur das Gewohnte ist um uns.
Keine Fata Morgana von Palmen
Mit weidenden Löwen
Und sanften Wölfen.

Die Weckuhren hören nicht auf zu ticken
Ihre Leuchtzeiger löschen nicht aus.

Und dennoch leicht
Und dennoch unverwundbar
Geordnet in geheimnisvolle Ordnung
Vorweggenommen in ein Haus aus Licht.

Eine Vielfalt von Erlebensmöglichkeiten werden hier als „spirituell" bezeichnet, z. B. wenn Menschen eine besonders bewegende Erfahrung machen, wenn sie eine Seelenverwandtschaft mit anderen fühlen, wenn sie die Erfahrung machen, ganz bei sich selbst und in Einklang mit ihrem innersten Wesen zu sein, wenn sie eine tiefe Einsicht in Lebens- oder Weltzusammenhänge haben, wenn sie eine tief empfundene Zustimmung zu ihrem (vielleicht sehr eingeschränkten) Sosein und Dasein verspüren, wenn ein Mensch spürt, dass er noch woanders beheimatet ist als im Greifbaren dieser Welt, wenn Menschen sich mit einem höheren Prinzip, der Natur, dem Universum oder dem Göttlichen in Verbindung wissen etc.
„Spiritualität ist demnach ein tief innerliches Erleben und eine ganz individuelle, sehr intime Gestimmtheit. Und genau dies

macht es in der beruflichen Begegnung schwer, angemessen mit dieser Innerlichkeit umzugehen und dazu in Resonanz zu gehen" (Weiher 2014, 24).

In der Begegnung mit Sterbenden sind immer auch die Begleitenden selbst gefragt und ihr eigenes Verständnis von Spiritualität, von tiefer Verbundenheit mit dem Leben selbst. Und so sind es auch die Spiritualität betreffende Fragen, die mir in den vergangenen Jahren am meisten gestellt wurden, von jungen und alten Sterbenden und Angehörigen, von Studierenden und Kolleg:innen in der Weiterbildung: *Was glauben Sie denn, gibt es noch mehr als dieses Leben? Wie stellen Sie sich das vor? Haben wir von hier aus Zugang dazu? Können Sie das spüren oder denken Sie es einfach? Und wenn Sie etwas glauben, macht das Ihres Erachtens das Sterben leichter? Nimmt Ihnen das die Angst? Und wenn ich Sie das frage, geraten Sie dann ins Schwitzen, oder haben Sie das für sich geklärt? Kann man so etwas überhaupt für sich klären? Haben Sie das immer so geglaubt? Hat sich Ihre Vorstellung im Laufe Ihres (Berufs-)Lebens verändert? Verändert der tägliche Umgang mit dem Sterben die Antwort auf die Frage nach der Spiritualität? Haben Sie schon mal etwas „Spirituelles" erlebt? Wenn ja, was?*

Immer wieder bin ich gefragt, in mich hineinzuhören, wie ich in den jeweiligen Situationen meine Antwort formuliere. Immer antworte ich ehrlich auf diese nach innerer Wahrheit suchenden Fragen. Fast immer sind diese Fragen Gesprächsöffner für Wesentliches, Indikatoren für die tiefe Begegnungsfähigkeit und Offenheit für Neues, selbst oder gerade ganz am Ende des Lebens.

Dafür kann es gut sein, die Entwicklung meines Verständnisses von Spiritualität rückblickend zu betrachten: Wie ist mein jetziges Verständnis von Spiritualität in meinem Leben gewachsen? War ich mal religiös? Bin ich das noch? Was hat sich von meiner Kindheit bis heute verändert? Was hat diese Veränderungen bewirkt? Wenn ich solche Fragen für mich beantworten kann, kann ich meine Antworten auch in der Begegnung mit Sterbenden und Angehörigen leichter formulieren.

Die folgende Übung lädt dich ein, deine eigene Geschichte mit „Religion“ und „Spiritualität“ oder der Abwesenheit von einem oder von beiden, genauer in den Blick zu nehmen:

Übung:
Biografiearbeit mit der Lebensspirale (Teil 4)

Betonter Aspekt:
Meine Geschichte mit „Spiritualität“

(ca. 30 Minuten)

Vorbereitung:

- Suche dir einen ruhigen Ort, an dem du dich wohlfühlst und nicht gestört wirst, einen Ort, an dem du etwas notieren kannst.
- Nimm deine Lebensspirale mit an diesen Ort.
- Nimm einen Stift, mit dem du gut schreiben kannst.
- Nimm deine Farben mit.

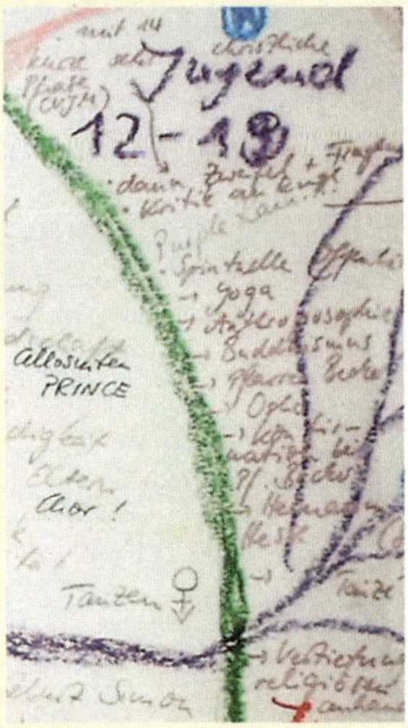

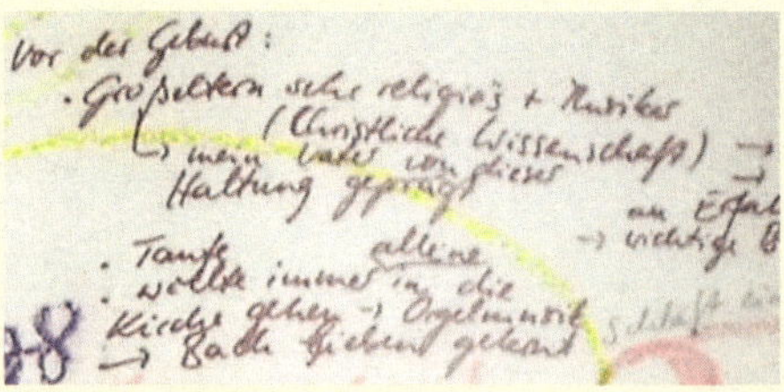

1. Deine Lebensspirale sieht nun innerhalb des Spiralausschnitts vermutlich schon sehr bunt und rund aus. Dein Blatt aber, auf dem du die Spirale gezeichnet hast, ist eckig. Vermutlich gibt es deshalb noch leere Flächen um deine Spirale herum. Schreibe nun an die Ränder der Phasen, die du für dein Leben gefunden

hast, deine Gedanken und Assoziationen zu deiner eigenen religiösen und/oder spirituellen Entwicklung.

2. Beginne auch hier mit der Phase vor deiner Geburt. Was weißt und erinnerst du noch in Bezug auf die Spiritualität deiner Eltern und Großeltern?

3. Wie bist du als Kind in diese Phänomene hineingewachsen? Wie hast du sie als Jugendliche:r erlebt und gelebt oder abgelegt? Was hat sich als junge:r Erwachsene:r verändert? Hat so etwas wie Elternschaft oder Beruf deine Einstellung verwandelt? Wenn ja, wie? Hast du in der Vergangenheit und/oder gibst du im Heute deine Spiritualität in irgendeiner Weise weiter?

4. Schreibe an den Rand der Phasen nicht nur beschreibende Texte, wie deine Spiritualität sich entwickelt hat, sondern auch Gefühle. Was hat dir „Spiritualität“ in den verschiedenen Phasen deines Lebens bedeutet? Wie hat sie sich angefühlt?

5. Wie ist dein Verständnis von Spiritualität heute? Was bedeutet sie dir?

6. Wie wünschst du es dir für deine Zukunft bis hin zu deinem Sterben?

Wissen: Zur Bedeutung von Spiritualität im Sterbeprozess

In ihrer Definition von Palliativversorgung/Palliative Care hat die WHO 2002 die Spiritualität zum ersten Mal als einem medizinischen Arbeitsbereich zugehörig benannt:

„**Palliativmedizin/Palliative Care** ist ein Ansatz zur Verbesserung der Lebensqualität von Patienten und ihren Familien, die mit Problemen konfrontiert sind, welche mit einer lebensbedrohlichen Erkrankung einhergehen. Dies geschieht durch Vorbeugen und Lindern von Leiden durch frühzeitige Erkennung, sorgfältige Einschätzung und Behandlung von Schmerzen sowie anderen Problemen körperlicher, psychosozialer und **spiritueller Art**.

Palliativmedizin:

- ermöglicht Linderung von Schmerzen und anderen belastenden Symptomen,
- bejaht das Leben und erkennt Sterben als normalen Prozess an,
- beabsichtigt weder die Beschleunigung noch Verzögerung des Todes,
- **integriert** psychologische und **spirituelle Aspekte der Betreuung**,
- bietet Unterstützung, um Patienten zu helfen, ihr Leben so aktiv wie möglich bis zum Tod zu gestalten,
- bietet Angehörigen Unterstützung während der Erkrankung des Patienten und in der Trauerzeit,
- beruht auf einem Teamansatz, um den Bedürfnissen der Patienten und ihrer Familien zu begegnen, auch durch Beratung in der Trauerzeit, falls notwendig,
- fördert Lebensqualität und kann möglicherweise auch den Verlauf der Erkrankung positiv beeinflussen,
- kommt frühzeitig im Krankheitsverlauf zur Anwendung, auch in Verbindung mit anderen Therapien, die eine Lebensverlän-

gerung zum Ziel haben, wie z. B. Chemotherapie oder Bestrahlung, und schließt Untersuchungen ein, die notwendig sind, um belastende Komplikationen besser zu verstehen und zu behandeln" (WHO 2002).

In der Begegnung mit Tod und Sterben gesteht die Medizin ein, dass sie an ihre Grenzen kommt. Kurativ geht es nicht mehr weiter, medizinische Unterstützung kann (nur?) noch im Hinblick auf Schmerzlinderung und Lebensqualität gegeben werden. Die Grenzen des Körperlichen sind fast erreicht, da wird es Zeit, nicht nur das Psychosoziale, sondern auch das Seelisch-Geistige in den Blick zu nehmen. Auch wenn sich beides im Alltag oft vermischt. Harold Koenig (2012) hat zusammengetragen, warum Therapeut:innen und Gesundheitsfachleute überhaupt die spirituellen Anliegen ihrer Patient:innen oder der Begleitenden kennen sollten. Hier fasse ich die Seiten 16–43 seines Buchs zur Spiritualität in den Gesundheitsberufen in fünf Thesen zusammen:

1. Unter den Patient:innen sind religiöse oder spirituelle Überzeugungen häufig, und diese helfen ihnen auf unterschiedlichste, oft sehr individuelle Art, die Krankheitssituation zu bewältigen.
2. Die Menschen sind in der Klinik oft von ihren religiösen Gemeinschaften oder spirituell Gleichgesinnten isoliert. Alternative Möglichkeiten, ihre spirituellen Bedürfnisse zu erfüllen (z. B. Ernährung, Gebetsmöglichkeiten, Räume für Meditation etc.), sollten zur Verfügung stehen. Das wirkt der Isolation entgegen und schafft die Möglichkeit, zumindest innerlich eine Verbundenheit zu einer vertrauten, stärkenden und wichtigen Gemeinschaft immer wieder herzustellen.
3. Religiöse oder spirituelle Überzeugungen können medizinische Entscheidungen beeinflussen, manchmal die medizinische Betreuung vereinfachen, manchmal verkomplizieren oder

„stören" und das Verhältnis zwischen Gesundheitsfachleuten und Patient:innen (Compliance) beeinflussen. Dann ist es besonders für die Fachkräfte wichtig, die Gründe der Patient:innen zu verstehen, die frei über ihr Leben(sende) bestimmen dürfen. Sie können ihnen dann selbst freier begegnen.

4. Religiöse Überzeugungen und religiöse oder spirituelle Praxis wirken sich oft auf die eine oder andere Weise auf psychische und körperliche Gesundheitsergebnisse aus.
5. Der Einbezug der Religion oder der spirituellen Denk- bzw. Erlebnisweise der Patient:innen kann die Art der Unterstützung und Pflege beeinflussen, die auch das weitere Lebensumfeld der Patient:innen (Gemeinde etc.) einbezieht.

Monika Renz, langjährige Musiktherapeutin und Psychoonkologin im Kantonsspital Zürich, hat viele Studien zum spirituellen Erleben in der Sterbephase durchgeführt und geleitet. Sie fasst die Ergebnisse einer dieser Studien hinsichtlich der Bedeutung von Spiritualität im Sterbeprozess sozusagen „von innen" zusammen: „Spirituelle Erfahrungen finden statt, im Krankenhausalltag sogar erstaunlich häufig. Im Projekt ‚Spirituelle Erfahrungen in Leid und Krankheit' machten von insgesamt 251 erfassten Patienten nicht weniger als 135 eine oder mehrere solche Erfahrungen (vgl. auch Arnold/Lloyd, 2013; Fenwick et al., 2010). Diese Häufigkeit erstaunt – und doch nicht: Todesnähe, aber auch einschneidende Zeiten von Krankheit und Rekonvaleszenz sind Orte, wo Transzendenz vermehrt erfahren wird.

Zweite Aussage: Transzendenzerfahrungen zeitigen große Wirkungen. Manchmal sind sie direkt oder in verschlüsselter Sprache Vorankündigung des nahenden Todes. Angehörige sagen im Nachhinein erkennend: ‚Er hat es doch gesagt, geahnt, gesehen.' Spirituelle Erfahrungen scheinen den Sterbeprozess zu erleichtern (vgl. Fenwick/Braine, 2011; Kerr et al., 2014). In unserem Projekt konnten 30 der insgesamt 135 Patienten mit spirituellen

Erfahrungen wenige Minuten bis maximal eine Stunde (!) nach der Erfahrung sterben, drei davon mittendrin. Ob im Leben oder vor dem Tod: Transzendenzerfahrungen intensivieren die Daseins- und Lebensqualität. Sie stiften Identität, vermögen eine neue Lebenshaltung auszulösen, und all dies bisweilen nachhaltig. In unserem Projekt veränderte sich bei sämtlichen 135 Patienten das Erleben von Gegenwart. Dieses, namentlich das veränderte Bewusstsein für Raum-Zeit-Körper, scheint geradezu Charakteristikum von spiritueller Erfahrung zu sein, vergleichbar der Bedeutung des nicht-lokalen Bewusstseins in der Nahtoderfahrung (van Lommel, 2010; Fenwick, 2010). Bei gut der Hälfte kam es zu einer deutlichen Linderung von Schmerzen (71) und von Angst (75). Ebenfalls in der Hälfte der Fälle änderte sich die Einstellung zu Leben und Sterben (71), zur Krankheit (62) sowie zu Gott, dem Göttlichen (68). Aber auch bei Menschen mitten im Leben lösen sich Ängste und verändert sich die Einstellung zum Leben oder Sterben, zu Gott und dem Göttlichen nach einer eindrucksvollen Erfahrung von Transzendenz. Etwa nach einem tiefen Traum oder einer entsprechend erlebten Klangreise. Wirkungen lassen sich jedoch nicht nur in Zahlen messen, auch dies zeigte das Projekt. Jede einzelne Wandlung war Geschenk. Da ereigneten sich Durchbrüche: Menschen machen etwa Erfahrungen neuer Sinnlichkeit. Sie haben neu das Bedürfnis, ihre Liebsten auch zu lieben. Sie erfahren sich innerlich frei, erleben Identität und Würde“ (Renz, 2022).

Zur Aufgabe der Begleitenden, Angehörigen, Ärzt:innen, Pfleger:innen, Therapeut:innen etc. schreibt sie:
„Spirituelle Begleitung soll spiritualitätsorientiert sein, darin unterscheidet sie sich von einer Begleitung im rein Zwischenmenschlichen. Das scheint selbstverständlich zu sein und ist es doch nicht. Es erfordert Mut, sich in Person und Begleitung nach Gott, nach dem Göttlichen auszustrecken. Muss das sein? Wenn

Gott, wenn das Göttliche entsprechend groß und offen gedacht wird, und wenn Gottesbilder auch über die spirituellen Erfahrungen von Menschen Gestalt annehmen können, so sehe ich nicht ein, weshalb Spiritualität von Gott absehen soll. So wie ich als christliche Patientin von einem atheistischen Arzt oder Psychologen erwarten darf, dass sie mich empathisch begleiten, so traue ich es auch den religiösen Begleitern zu, dass sie nicht missionieren. Ich möchte also nicht von einer atheistischen Spiritualität sprechen (vgl. Vögeli, 2021), sondern dieses Große, Ganze, Absolute weit genug denken. Vielleicht bin ich auch einfach zu alt, um – dem Trend folgend – beiseitezulassen, was ich als Innerstes meiner selbst, aber auch als Mitte von Spiritualität erachte" (Renz 2022).

Für uns als Sterbende oder als Begleitende eines/einer Sterbenden kann das auch bedeuten, dass es sich lohnt, uns mit unserer eigenen Spiritualität zu beschäftigen, sie vielleicht auf neue Art innerlich „zum Leben zu erwecken", d. h. auszuüben, zu tun, nicht nur darüber nachzudenken. Wie schon in Kapitel 5 mehrfach erwähnt und aus oben genannten Studien ablesbar, eröffnen sich im Sterben innere Räume. So wie sich das Außen unserem Alltag als Sterbende nach und nach entzieht, weil wir es nicht mehr erreichen können oder es uns nicht mehr erreichen kann, so gewinnen wir Zeit und Raum, um uns unserem Inneren zuzuwenden. So viele Stunden im Dämmerzustand allein im Bett, manche Nacht, in der der Schlaf uns nicht findet, tägliche Möglichkeiten zur Wanderung ins Innerste.

Was bedeutet das – uns unserem Inneren zuzuwenden? Wie geht das eigentlich? Andrea Schell schreibt im Eingangszitat dieses Buches, dass zu den vier Bewegungen, die sie in ihrem Sterbeprozess wahrnimmt, auch die „Innenwärtsbewegung" gehört, das „Hineingleiten in sich selbst". Der ebenfalls zu Beginn zitierte an ei-

nem Hirntumor sterbende Mann beschreibt diese Innenwärtsbewegung eindrücklich als „Fall durch die Angst", der an einem nicht erwarteten Punkt zum „Flug" wird. Solcher Art Erfahrungen können mir, wenn ich offen dafür bin, an jeder Schlafgrenze begegnen, manchmal im Traum, manchmal in bewussten Meditationsprozessen aller Art, die mich dabei unterstützen, das Gedankenkarussell in meinem Kopf eine Zeit lang allein bzw. im Hintergrund kreiseln zu lassen und in den Raum hinter oder unter meinem Denken einzutauchen.
Auch hier ist es oft so, dass eine im Leben geübte und so bereits erfahrene Praxis im Sterbeprozess leichter zur Verfügung steht. Manchmal braucht es aber auch die Außergewöhnlichkeit der Situation, um sich solchen Möglichkeiten überhaupt zu öffnen.

Wenn du solche Erfahrungen schon mitten im Leben machen möchtest, können dir als Anfänger:in manchmal kleine geführte Übungen dabei helfen. Ich wähle hier bewusst eine Übung, die auch im (Kranken- oder Sterbe-)Bett gemacht werden kann.
Wenn du dich dort noch nicht befindest, hast du eine weitaus größere Auswahl, auch unter den Körper einbeziehenden Meditationsverfahren (wie z. B. Zen oder verschiedene Gebetspraktiken oder unterschiedlichste Yogaarten oder Tanzerfahrungen etc.). Die folgende Übung lädt dich dazu ein, Entgrenzung und Verbundenheit gleichzeitig zu fühlen.

Lichtübung

(ca. 15–20 Minuten)

Bei der folgenden Übung handelt es sich, genau wie bei der weiter vorn im Buch befindlichen Übung zum sicheren inneren Ort, um eine Imaginationsübung. D.h., du stellst dir die Bilder, die in dieser Übung beschrieben werden, so wie es für dich passt, genau vor. Auch wenn du dir diese Bilder „nur" ausdenkst, kannst du spüren, dass sie an etwas anknüpfen, was sich für dich „wirklich" anfühlt. Das bedeutet, du trägst diese inneren Räume, in die du dich hineinbewegst, in dir, sie lösen Gefühle und Empfindungen aus, die dir bekannt sind und zu dir gehören. Auch sie bewegen sich auf der Grenze zwischen Fantasie und spiritueller Erfahrung, verstanden als Erfahrung der Weite deines Innenraums und der Verbundenheit mit dir selbst und etwas, das dich „hält oder halten kann" – so versuche ich es eher metaphorisch auszudrücken. Was ich meine, verstehst du vielleicht im Tun.

Hier im Buch findest du den Text erst einmal in gedruckter Form. Wenn du deine Forschungsreise zu zweit oder zu dritt machst, könnt ihr die Übung hintereinander durchführen, wobei je eine:r von euch sie der/dem/den anderen vorliest.
Wenn du allein reist, kannst du dir den Text z. B. mithilfe der Diktierfunktion deines Handys langsam und ausdrucksvoll selbst aufsprechen, um ihn dann abzuspielen. Das ist gleichzeitig eine Vorleseübung für den Fall, dass du die folgende Übung einmal mit von dir begleiteten Personen durchführen möchtest.

Viele Menschen assoziieren den Übergang ins Sterben z. B. mit „Lichtbildern". Vielleicht haben wir das aus jenen Berichten von Nahtoderfahrungen aufgenommen, in denen sich die Menschen während ihres Herzstillstands und der Wiederbelebungsphase in-

nerlich in einer Art Tunnel auf ein Licht zubewegen[38] und die uns schon seit Jahrtausenden überliefert sind und heute immer stärker auch wissenschaftlich erforscht werden[39]. Oder auch aus erzählten Sterbebettvisionen.[40]
Ersetze hier in der Anleitung das Wort „Universum", falls es dich oder andere stört, einfach durch ein anderes (z. B. Unendlichkeit, Göttliches, Nichts etc.).

Vorbereitung:

- Nimm dir einen Augenblick Zeit, in dem du dir erlaubst, dich ganz allein auf dich selbst zu konzentrieren.
- Suche dir eine Position, in der du für einige Minuten bequem sitzen oder liegen kannst.
- Du kannst deine Augen geöffnet lassen oder sie schließen, ganz so, wie es für dich angenehm und richtig ist. Wenn du deine Augen geöffnet lässt, suche dir einen Punkt, auf dem du deinen Blick ruhen lassen kannst.

Nun möchte ich dich zu einer Lichtübung[41] einladen:
Stell dir ein Licht vor, irgendeinen Lichtstrahl oder ein Lichtbündel, das aus dem Universum kommt. Und stell dir weiter vor, dass dieser Lichtstrahl, dieses Lichtbündel eine besondere Farbe hat, eine Farbe, die für dich in besonderer Weise mit Heilung und Heimat verbunden ist. Nimm dir die Zeit, nach dieser Farbe zu suchen, bis du zufrieden bist.
Stell dir jetzt bitte vor, wie dieser Lichtstrahl, in dieser für dich einzigartigen Farbe, die für dich in besonderer Weise mit Heilung und Heimat verbunden ist, durch deine Schädeldecke in deinen

38 Lommel (2022): Endloses Bewusstsein. 33.
39 Kuhn (2022): Sterbebettvisionen. In: Nicolay, Kuhn (Hg.), Nahtoderfahrungen und Sterbebegleitung, 23.
40 ebd. 21–40.
41 Frei nach Koch, Sabine, http://www.koch-solingen.de.

Körper fließt. Wenn die Schädeldecke für dich nicht passt, suche dir einfach einen anderen Eintrittspunkt aus. Lass dir Zeit und öffne dich bewusst für das Licht und seine Qualität.

Du weißt, dass die Quelle dieses Lichts das Universum, das Unendliche ist. Je mehr du davon nimmst, desto mehr ist für dich verfügbar.

Das Licht strömt durch deine Schädeldecke, es fließt in deinen Körper und breitet sich aus. Du weißt, dass dieses Licht mit seiner besonderen Farbe heilt, dich mit deiner innersten Heimat verbindet und dich entspannt. Es hat eine heilende, verbindende und beruhigende Wirkung auf jede Zelle, auf alle Organe, auf die Muskeln, auf die Knochen, auf die Nerven, auf alle inneren Organe, auf die Haut.

Es hat eine heilende, verbindende und beruhigende Wirkung auf dein Herz, deine Gefühle und Empfindungen.

Du lässt immer mehr von diesem heilenden, heimatlichen Licht in seiner besonderen Farbe durch deine Schädeldecke in deinen Körper fließen. Das Licht fließt wie von selbst durch deinen Körper, es durchflutet ihn und versetzt ihn in kleine angenehme Schwingungen. Es fließt durch dein Herz, deine Gefühle und Empfindungen und öffnet sie weit.

Lass das Licht durch deinen ganzen Körper, durch dein Herz und deine Empfindungswelten fließen und seine heilende, heimatliche, beruhigende und entspannende Wirkung sich ausbreiten.

Und wenn du magst, lass abschließend das Licht um deinen Körper herumfließen. Hülle deinen Körper ein mit diesem Licht, das für dich in besonderer Weise mit Heilung und Heimat verbunden ist. So, wie du es magst und wie es hier gerade jetzt für dich stimmig ist.

Angebunden an die Unendlichkeit schwebst du in einem Kokon aus Licht. Das Licht durchströmt dich und strömt zu seinem Ursprung zurück und durchströmt dich in einer immerwährenden Bewegung.

Wenn die Übung für dich angenehm ist, nimm dir noch einen Augenblick Zeit, diese Erfahrung zu vertiefen und zu genießen. Kehre dann in deinem Tempo, Schritt für Schritt, mit deiner Aufmerksamkeit in den Raum zurück, in dem du dich befindest. Spüre deinem Erleben intensiv nach.

Herr I., Anfang seiner 80er-Jahre, hat seiner Familie einige Wochen vor seinem Tod, als er bei uns auf der Station war, angeregt durch ein Gespräch mit dem Seelsorger, folgenden Brief geschrieben. Seine Tochter zeigte ihn mir, weil er sie sehr bewegt und entlastet habe, wie sie sagte, und erlaubte mir, ihn zu kopieren und anonym zu verwenden, bevor ihr Vater von der Palliativstation ins Hospiz verlegt wurde. Besonders berührt habe sie, dass der Brief so lang sei, obwohl ihrem Vater das Halten des Stifts doch schon so schwerfalle und die Buchstaben so krakelig und teilweise kaum entzifferbar seien. Aber die Worte seien von ganz anderer Qualität als die Buchstaben. In den Worten würde sie ihren Vater erkennen:
„Ich möchte würdevoll sterben. Das bedeutet für mich, dass ich mich selbst in meinem Sterbeprozess als der sehen und erleben kann, der ich in meinem ganzen Leben geworden bin und jetzt bin. So möchte ich mich sehen können und ich wünsche mir, dass auch meine nahen Menschen mich so sehen und erleben können. Dazu gehört für mich gerade hier in der Klinik auch, dass die Pflegenden und Ärzte sich zumindest ein wenig mit meinem Leben beschäftigt haben. Dass sie einen ungefähren Eindruck davon haben, wer derjenige ist, der hier stirbt und den sie beim Sterben begleiten. Im Extremfall auch, dass sie mir selbst dann meine Würde zugestehen, wenn sie mir die Windeln wechseln und den Trinkbecher mit mir halten, weil ich es nicht mehr allein kann. Dass sie sich mir nicht überlegen fühlen, weil ich etwas nicht mehr kann, was sie können, sondern dass sie mir beistehen, weil sie wissen, dass auch sie irgendwann Fähigkeiten, die sie im Leben erworben haben und beherrschen, wieder abgeben müssen. Weil wir Menschen sind. Das verbindet uns.

Die Menschen, die mit mir im Sterben zu tun haben, bitte ich darum, dass sie wissen, dass es für mich nicht mehr wichtig ist, selbst zur Toilette gehen zu können und mich selbst zu versorgen, weil mein Körper mir immer weniger bedeutet. Es ist mir wichtig, dass sie spüren, dass da ein Selbst ist, das ich bin und bleibe, auch wenn mein Körper geht. Ein Selbst, das ich vielleicht sogar immer sein werde, vielleicht sogar über alles Körperliche hinaus.
Ich spüre, wenn jemand das begreift, ohne dass sie oder er es sagt. Ich spüre, wenn mir jemand die Windeln wechselt und mich wäscht und sich dabei innerlich vor meiner Person verbeugt, vor mir, der ich diese Hilflosigkeit annehme als zu einer letzten Phase meines Menschseins gehörend. Das können hier einige und das tut gut. Dafür bin ich zutiefst dankbar. Wenn es nach mir geht, müssen es auch nicht unbedingt meine Kinder sein. Deshalb weiß ich gar nicht, ob ich zu Hause sterben möchte. Ich weiß nicht, ob ich ihnen und mir diese Art des Dienens zumuten möchte, die sie auf ganz eigene Weise mit meiner vergehenden Körperlichkeit und mit ihrer eigenen Sterblichkeit konfrontiert. Vielleicht ist es auch gut, dass ich hier in der Klinik bin.
Ich habe Entscheidungen über mein Lebensende getroffen und alle gebeten, diese zu respektieren. Auch damit wahren sie meine Würde. Auch und gerade, wenn meine Entscheidungen denen nicht entsprechen, die sie selbst in meiner Situation fällen würden. Die Ärztin hat das schön gesagt: ‚Sie sind der Kapitän', hat sie gesagt. ‚Sie entscheiden, wo es hingeht. Und wir sind die Lotsen, die dafür sorgen, dass Sie die selbst gewählte Richtung mit möglichst hoher Lebensqualität auch beibehalten können.' Das hat mir gefallen. Sie hat verstanden, wer ich bin. Ich bin derjenige, der stirbt, und ich sterbe in meiner ganzen Würde. Und für mich gehört dazu, dass ich jetzt mit den Therapien aufhöre, weil ich mich nicht mehr ständig übergeben möchte. Ich möchte bei klarem Verstand sein und mein Herz weit öffnen – und das kann ich nicht, wenn ich andauernd spucken muss. Meine Aufgabe ist es jetzt, den Ru-

bikon zu überqueren. Und ich sehe schon das andere Ufer. Ich spüre es. Ich brauche fast nichts mehr. Nur, dass ihr mich seht, während ich es sehe. Und dass ihr mich ziehen lasst, in Würde."

Frau J., eine agil wirkende Frau Mitte 70, bat mich, als ich mich vorstellte, um einen Tanz. Sie habe ihr Leben lang das Tanzen geliebt und würde so gern das Gefühl noch einmal erleben, sich fließend zu bewegen. Am liebsten würde sie zum Schneewalzer tanzen, sie könne sich die Musik aber auch einfach nur vorstellen, wenn das für mich zu kompliziert sei.
Es bedurfte einiger Vorbereitung und Unterstützung durch die Pflege, um die zum Glück sehr kleine und zierliche Frau von allen sie umgebenden Kabeln zu befreien. Dazu kam, dass sie unbedingt mit nackten Füßen tanzen wollte, aber mit nackten Fußsohlen krankenhausrechtlich nicht den Boden berühren durfte. Sie fragte mich also, ob sie sich vielleicht auf meine Füße stellen dürfe. Das habe sie ganz früher, bei ihrem Vater auch manchmal so gemacht. Ich war berührt. Auch ich war als Kind öfter auf den Füßen meines Vaters stehend mit ihm durch den Flur getanzt. Wir streamten also den Schneewalzer und tanzten. Wir tanzten in seltsamem Gleichgewicht unterschiedlichster erinnerter Erfahrungen, ohne zu sprechen. Frau J. mit geschlossenen Augen und einem seligen Lächeln um die Lippen.
Nach ungefähr zwei Minuten stoppte sie unseren Fluss recht atemlos und wollte wieder ins Bett geleitet werden. Die Musik hörten wir noch zu Ende.
Nachdem der letzte Ton verklungen war, dankte sie mir und sagte, sie wolle nicht mehr sprechen, nur ganz in diesem Gefühl bleiben. Ich verabschiedete mich, ganz untypisch für mich, mit den Worten: „Dann sehen wir uns am Montag."
Da schlug sie doch noch einmal die Augen auf, nahm meine Hand und sagte: „Nein Mädel, auf dieser Welt sehen wir uns nicht mehr. Ich tanze gerade in den Himmel hinein. Haben Sie Dank!"

Als ich nach dem Wochenende auf die Station kam, war Frau J. verstorben.

Herr K. war in seinem Berufsleben Universitätsprofessor der Physik gewesen und wir kamen über die Schwingungsamplitude meines Röhrenglockenspiels auf das Thema Unendlichkeit zu sprechen. Nach einem Vortrag über Schwingungen im Allgemeinen und deren Messbarkeiten und Grenzen der Messbarkeit, fragte mich Herr K. recht unvermittelt: „Glauben Sie an ein Leben nach dem Tod?“ Als ich bejahte, fragte er mich, wie ich mir das vorstellte. Ich dachte etwas nach und antwortete dann, angelehnt an seinen Vortrag, dass ich es mir eigentlich gar nicht vorstellen, sondern viel mehr spüren würde. Ungefähr so, wie ein Ton auf dem Röhrenglockenspiel vom Hörbaren ins Unhörbare hineinschwinge, aber dort zumindest in den Umwandlungen der durch die Schwingung ausgelösten Energie auf eine Art immer weiterklinge, so fühlte ich die Unendlichkeit immer auch schon hier in diesem Leben. Manchmal wie Klänge, die von irgendwoher bei mir ankämen, manchmal einfach in den weiten Räumen meines inneren Universums.
Er dachte lange über meine Antwort nach und sagte dann: „Das meinen Sie wirklich. Das spüre ich. Sie glauben das, was sie sagen. Für Sie hat das eine Bedeutung. Für Sie ist es wahr.“ Obwohl das keine Frage war, nickte ich.
„Nun“, sagte er, „ich glaube nicht an ein Leben nach dem Tod. Aber es beunruhigt mich auch nicht, dass ich bald nicht mehr sein werde.“ Wir sahen uns an und schwiegen eine Weile. Dann fügte er hinzu: „Aber, dass Sie das für sich auf so eine neutrale Art für wahrhalten, berührt mich. Vielleicht werde ich noch überrascht.“
Auf seine Bitte hin lieh ich ihm mein Röhrenglockenspiel „für weitere Experimente“.

Literatur

Arnold, B. L., Lloyd, L. S. (2013): Harnessing complex emergent metaphors for effective communication in palliative care. A multimodal perceptual analysis of hospice patients' reports of transcendence experiences. American Journal of Hospice and Palliative Medicine. Advance online publication. http://dx.doi.org/10.1177/1049909113490821

Bormann, Franz-Josef, Borasio, Gian Domenico (Hg.) (2012): Sterben. Dimensionen eines anthropologischen Grundphänomens. Berlin/Boston.

Bruns, Frank, Steinmann, Diana, Micke, Oliver (2007): Spiritualität in der Onkologie. In: Onkologe 2007/13, 490–498, Online publiziert: 18. April 2007

Fenwick, Peter (2010): Non local effects in the process of dying. Can quantum mechanics help? In: NeuroQuantology, 8 (2).

Fenwick, Peter, Brayne, S. (2011): End-of-life experiences. Reaching out for compassion, communication, and connection-meaning of deathbed visions and coincidences. American Journal of Hospice and Palliative Medicine, 28 (1), 7–15.

Frick, Eckhard (2009a): Seelsorge und Medizin. Spiritual Care: ein neues Fachgebiet der Medizin? (Vortrag 17.11.2009). http://www.bayerische-stiftung-hospiz.de/pdf/Vortrag_DrFrick_Text.pdf [letzter Abruf 03.02.2014].

Frick, Eckhard (2009b): Spiritual Care – nur ein neues Wort? In: Lebendige Seelsorge, 60 (4), 233–236. http://www.klinikum.uni-muenchen.de/…/frick/045_InternetFrick.pdf [letzter Abruf 03.03.2014].

Frick, Eckhard, Vogel, Ralf T. (Hg.) (2012): Den Abschied vom Leben verstehen. Psychoanalyse und Palliative Care. Stuttgart.

Heller, Birgit, Heller, Andreas (2014): Spiritualität und Spiritual Care. Orientierungen und Impulse. Bern.

International Workgroup on Death, Dying and Bereavement (IWG) (1990): Assumptions and Principles of spiritual care. In: Death Studies 14, 75–81.

Kerr, C. W., Donnelly, J. P., Wright, S. T., Kuszczak, S. M., Banas, A., Grant, P. C., Luczkiewicz, D. L. (2014): End-of-life dreams and visions. A longitudinal study of hospice patients' experiences. In: Journal of Palliative Medicine.

Koenig, Harold A. (2012): Spiritualität in den Gesundheitsberufen. Ein praxisorientierter Leitfaden. Stuttgart.

Lommel, Piet van (2010): Consciousness beyond life. The science of the near-death experience. New York.

Lommel, Piet van (2022): Endloses Bewusstsein. Neue medizinische Fakten zur Nahtoderfahrung, Ostfildern. 3. Aufl.

Nicolay, Joachim, Kuhn, Wilfried (Hg.) (2022): Nahtoderfahrungen und Sterbebegleitung. Angstfrei sterben – hoffnungsvoll weitergehen. Amerang.

Puchalski, Christina (2006): A time for Listening and Caring. Spirituality and the Care of the Cronically Ill and Dying. New York.

Rachl, Sabine (2017): Ich wohne bald im Zeitlosraum. Mutgeschichten zum Sterben und zum Leben. Kinder und ihre Familien erzählen. Ostfildern.

Renz, Monika (2022): Grenzerfahrung Gott. Dem Geheimnis nahe in Leid und Krankheit. Vollständig überarbeitete Neuauflage. Freiburg im Breisgau.

Utsch, Michael, Klein, Constantin (2011): Religion, Religiosität, Spiritualität. Bestimmungsversuche für komplexe Begriffe. In: Klein, Constantin u. a. (Hg.): Gesundheit – Religion – Spiritualität. Konzepte, Befunde und Erklärungsansätze. Weinheim/München, 25–45.

Vögeli, Detlef (2021): Der Theologe Simon Peng-Keller ist Professor für Spiritual Care. Er sagt: „Selbst religiöse Patienten denken manchmal noch, Seelsorger seien Todesengel." In: Neue Zürcher Zeitung, 22. Oktober, 10.

Weiher, Erhard (2014): Das Geheimnis des Lebens berühren. Spiritualität bei Krankheit, Sterben, Tod. Eine Grammatik für Helfende. Stuttgart.

Übergang: Die spirituelle Dimension der Musik

„Manchmal höre ich das Leben singen in mir, ganz tief in mir drin. Bald werde ich selbst dieser Gesang, dann kannst du mich hören, wenn du in dich hineinhörst. Das ist schön und das tröstet mich."

MÄDCHEN, 12 JAHRE ALT

„Leise, ganz leise höre ich dich schon.
Du singst mir ein Lied.
Ich kenne das Lied von irgendwoher.
Ich kenne es schon ganz lange.
Das Lied ist älter als ich. Wer bist du?
Ich kann dich hören und fühlen.
Du singst mir und niemand sonst hört es.
In meiner Außenwelt ist das Beatmungsgerät so laut,
alles piepst, ich habe so viel Piepsen um mich herum
und Zischen und andere technische Geräusche.
Manchmal muss ich mich richtig auf die Worte
konzentrieren, um sie zu verstehen.
Aber in mir drin ist es ganz leise, fast still.
Und in der Stille höre ich dein Lied."

MÄDCHEN, 9 JAHRE ALT [42]

42 Beide Zitate in: Rachl (2017).

Mit diesen beiden Zitaten aus der Bildwelt von sterbenden Kindern, mit denen kleine kreative Schreibprozesse gelungen sind, schlage ich eine Brücke von Kapitel sechs, der Bedeutung von Spiritualität im Sterbeprozess, zum musikalischen Schlusskapitel dieses Buches. Wie oft ist es mir bei Patient:innen begegnet, dass sie ihr Sterben sowie ihre Gedanken und Hoffnungen mit Metaphern aus der Musik zu beschreiben versuchen. Welche Eigenschaften der Musik sind es, die diese Assoziationen zum Klingen bringen? „Die Musik drückt das aus, was nicht gesagt werden kann und worüber zu schweigen unmöglich ist." So versucht der französische Schriftsteller und Philosoph Victor Hugo (1802–1885) das Potenzial der Musik zu erklären.[43]

„Die Potenz der Musik, innere Entsprechungen auszudrücken, beschränkt sich nicht auf den weltlichen Bereich. Die Vermutung liegt nahe, dass Menschen seit Urzeiten die Musik als Spiegel einer unsichtbaren Ewigkeit erleben. Wie kaum ein anderes Medium dient Musik als Eintrittskarte in eine Welt jenseits von Zeit und Raum", schreibt Joachim Ernst Berendt über die spirituelle Qualität der Musik im Archiv zu seinem Buch „Die Welt ist Klang".

Und so könnte ich von der griechischen Antike über die Aufklärung bis ins Heute Musiker, Dichter und Denker zitieren und wäre noch immer nicht fertig damit, diese Urerfahrung zu beschreiben, die Musik uns vermitteln kann.

„Musik gehört zu den intensivsten emotionalen Ausdrucksformen, die sich Menschen in ihrer Kultur geschaffen haben. Musik übersetzt die Ereignisse und Erfahrungen des Lebens in musikalische Schwingungen. Sie öffnet die Wahrnehmung für etwas, was

43 Alle Zitate dieser beiden Seiten entstammen folgender Sammlung zu Musik und Spiritualität von Joachim-Ernst Berendt: https://www.deutschlandfunk.de/die-welt-ist-klang-104.html [letzter Abruf 9.9.23].

dem Sprechen und Nachdenken verschlossen bleibt. Sie leistet den Transfer vom Persönlichen ins Überpersönliche", sagt der Philosoph Arthur Schopenhauer, und der Dirigent Sergiu Celibidache hat den überschreitenden Charakter der Musik so zusammengefasst: „Das Wesentliche der Musik, also die Musik selbst, ist nicht einmal in den Tönen: sie ist nirgends. Außerzeitlich. Sie wird in der Transzendenz."

Lexikalisch bedeutet „Transzendenz" einen Bereich, der die sinnlich fassbare, raumzeitliche Welt überschreitet. Der Trompeter und Komponist Markus Stockhausen beschreibt, was er unter Transzendenz versteht: „Zeuge sein des Überweltlichen in der Welt. Das heißt auf den Begriff Transzendenz bezogen: wir bauen eine Brücke, wir bauen eine Brücke zum Jenseitigen, zu dem Nichtbenennbaren, aus dem wir uns speisen. Und Transzendenz wäre für mich das, was hinüberführt, was uns diesen anderen Bereich zugänglich macht. Und da kann Musik vielleicht sogar besser als die anderen Künste eine Brücke bauen, weil sie nicht so sehr an das Mentale appelliert, sondern den gesamten Menschen erfasst und öffnen kann."

7 Zur Bedeutung von Musik im Sterbeprozess für Sterbende und Begleitende

Als Musiktherapeutin könnte ich zu diesem Thema, besonders in Anlehnung an die oben aufgeführten Zitate, aber auch in Bezug auf die Bedeutung von Musik und Rhythmus für Schmerz- und Atemtherapie ein separates Buch schreiben.
Als Schlusskapitel deiner Forschungsreise beschränke ich mich aber auf die nach meinem Empfinden bedeutungsvollste und am stärksten generalisierbare Erfahrung, die Sterbende und Begleitende durch die Begegnung mit Musik machen können.
Dafür lade ich dich zu Beginn dieses Kapitels zu deiner letzten Übung mit der Lebensspirale ein:

Übung:

Musikbiografie in der Lebensspirale verankern

(60–90 Minuten)

Vorbereitung:

- Suche dir wie immer einen ruhigen Ort, an dem du dich wohlfühlst und nicht gestört wirst, einen Ort, an dem du etwas notieren kannst.
- Nimm deine Lebensspirale mit an diesen Ort.
- Nimm dein schönes Begleitheft mit.
- Nimm einen Stift, mit dem du gut schreiben kannst.
- Nimm deine Farben mit.

Musikbiografiearbeit mit Sterbenden und Trauernden

Ziel: Herausfinden, wie ich in meinem bisherigen Leben mit Musik verbunden war und bin. Wie hat mich die Musik in verschiedenen Lebenssituationen begleitet? Wie kann ich sie in meiner jetzigen Lebenssituation als Ressource/Kraftquelle nutzen?

Forschungsaufgabe:

1. Ich nehme meine Lebensspirale zur Hand und schreibe mit einer anderen Farbe als vorher an den Rand meiner Lebensphasen oder – wenn meine Spirale schon sehr voll ist – den Lebensphasen zugeordnet in mein schönes Begleitheft die Lieder/Musikstücke, an die ich mich erinnere und die für mich heute im Rückblick diese Phasen repräsentieren (z. B. Schlaflied meiner Mutter, an das ich mich erinnern kann; Familienmusiken; Musik in Schule und Freizeit; Bands, die ich in der Jugend mochte mit für mich wichtigen Songs; Songs, die für meine Lebensgeschichte wichtig sind, bei denen ich mich verliebt habe o. Ä.).

2. Auf einer neuen Seite meines Begleithefts schreibe ich Empfindungen und Gefühle auf, die in meinem Leben für mich wichtig sind und meine Lebendigkeit beschreiben (z. B. Glück, Trauer, Wut, Mut, Angst, Verbundenheit, Albernheit, Zärtlichkeit etc.).

3. Nun schreibe ich über die im Begleitheft folgenden Seiten jeweils ein Gefühl/eine Empfindung als Überschrift und lasse die Seite darunter frei.

4. Im Anschluss ordne ich die in der Lebensspirale zeitlich strukturierten Songs/Musikstücke/Lieder quer durch die Zeiten den unterschiedlichen Gefühlslagen/Empfindungen zu. Unter „Glück" kann so z. B. ein Kinderlied stehen und der Song, der meine erste Liebe repräsentiert, und ein Musikstück, zu dem ich gern getanzt habe usw.

5. Als letzten Schritt nehme ich die mir wichtigsten Songs in unterschiedlichen Playlists/Ordnern (die die jeweiligen Gefühlslagen/Empfindungen beinhalten) auf und habe sie so als meine ganz eigene Musikbibliothek immer zur Verfügung, wenn ich sie hören möchte.

Wissen:
Möglichkeiten der Musik als persönlichkeitsstärkendes Element im Sterbeprozess

Die Arbeit mit der eigenen Musikbiografie ist in der Begleitung Sterbender ein unversiegbarer Quell für Erinnerungen und Erzählungen. Gerade im anonymen Krankenzimmer einer Klinik, wo allen Anwesenden besonders der vorliegende Mangel im Bewusstsein ist, wo das, was fehlt, großgeschrieben wird, und das Nichtheilbare die Atmosphäre bestimmt, kann die Erinnerung an im Leben bedeutsame Musik die Situation nachhaltig verwandeln. Schon im Sprechen über die Bedeutung von Musik im eigenen Leben zaubern diese Erinnerungen häufig ein Lächeln auf die Lippen, sind sie so tief mit Gefühlen und erlebten Bildern verbunden, dass die Menschen sich sofort wieder als sie selbst spüren können. Wenn dann die Musik noch erklingt, stehen Lebenserfahrungen und Persönlichkeit groß und fühlbar im Zimmer, und der Reichtum des gelebten Lebens verdrängt zumindest zeitweise die Konzentration auf das Fehlende.

Schon „von Pythagoras, dem griechischen Philosophen aus der Zeit um 570 vor Christus, wird berichtet, er habe Lieder gegen körperliche Leiden, zum Vergessen der Trauer, zum Stillen des Zornes und zur Austilgung von Leidenschaft verwendet. In den Tempelkrankenhäusern von Pergamon oder Epidauros erklang Musik und die griechischen Gelehrten hatten erkannt, dass dem Kosmos die gleichen Gesetze zugrunde liegen wie der Musik. Beim Mikrokosmos Mensch sollte die Musik deshalb geeignet sein, die Harmonie zwischen Körper und Seele, zwischen Geist und Gefühl wiederherzustellen.“[44] Im Sterben geht es im Hinblick auf die Bedeutung der Musik nicht so sehr um körperliche Hei-

44 Kraus (2018), 13.

lungsprozesse, sondern vielmehr um die Verwandlung der vom Krankheitsprozess gebeutelten psychischen Verfassung der Sterbenden und Begleitenden.
Für gewöhnlich steht die schwierige gegenwärtige Situation im Vordergrund. Hier müssen Entscheidungen getroffen werden, die viel Kraft und einiges an Mut erfordern. Oft können aber sowohl Sterbende als auch Begleitende gerade in solchen Situationen kaum auf ihre Ressourcen zurückgreifen, so ungewohnt und ernst ist die Gesamtsituation, so einschüchternd und fremd die klinische Umgebung, so bedeutungsschwer das Piepsen und Zischen der Messgeräte und die Leuchtzeichen der Monitore, die die Körperfunktionen überwachen. Die Betroffenen kommen kaum „zu sich selbst", weil ihnen fast alles, was dafür notwendig ist, fehlt. Besonders begleitende männliche Angehörige sagen mir oft, dass sie sich wie erstarrt fühlen, dass sie diese innere Erstarrung auch mit sich nach Hause nähmen, dass sie kaum weinen könnten, obwohl die Situation so traurig sei. Wenn ich dann nachfrage, ob es etwas gibt, was sie zuverlässig zum Weinen bringt, bekomme ich nicht selten als Antwort einen Musiktitel genannt. „Streets of Philadelphia"[45] und „Tears in Heaven"[46] stehen da hoch im Kurs. Aber auch „Komm, großer schwarzer Vogel"[47] und „Amoi seg'ma uns wieder"[48] gehören zu den Favoriten. Dann rate ich ihnen, sich daheim hinzusetzen und sich genau diese Musik anzuhören und endlich in Ruhe zu weinen.
Auch im Krankenzimmer frage ich die Sterbenden, wenn sie mich denn hineinbitten, stets zunächst nach ihrer Musikgeschichte, nach ihren ersten Erinnerungen an musikalisches Erleben. Oft bitte ich sie, die Augen zu schließen und sich ganz in die zurück-

45 Von Bruce Springsteen aus dem Film „Philadelphia".
46 Von Eric Clapton, nach dem Tod seines Sohnes geschrieben.
47 Von Ludwig Hirsch.
48 Von Andreas Gabalier im Andenken an seinen Vater und seine Schwester, die sich beide das Leben genommen haben.

liegende Situation hineinzuversetzen. Im Anschluss brauche ich meist gar nichts mehr zu fragen, weil die Erinnerungen sprudeln und sich manchmal sogar im Schnelldurchlauf durchs ganze Leben bewegen. Oft schreibe ich Spuren dieser Geschichten dann auch ins klinikeigene Dokumentationssystem, damit die Mittherapeut:innen, Ärzt:innen und Pfleger:innen einen tieferen Eindruck von der Persönlichkeit der Patient:innen bekommen und evtl. an deren musikalisches Erleben anknüpfen können. Manchmal, gerade bei älteren Patient:innen, ermuntere ich Kinder oder Enkel, die für ihre Großeltern bedeutsamen Musikstücke und Lieder zu sammeln und ihnen für die Zeit in der Klinik einen seniorengerechten MP3-Player zur Verfügung zu stellen oder eine Spotify Playlist im Seniorenhandy zu erstellen. Nicht selten freuen sich die Angesprochenen über diese „Aufgabe", weil sie etwas zu tun haben und in vordergründig aussichtslosen Situationen aktiv helfen können. Außerdem setzt die Erfüllung der „Aufgabe" zunächst das Gespräch voraus. Enkel interviewen ihre Großeltern, welche Musik ihnen zu welcher Zeit ihres Lebens wichtig war. Erwachsene Kinder erinnern sich gemeinsam mit dem sterbenden Elternteil an Situationen, in denen Musik in ihrer Familie von Bedeutung war. Manchmal singen sie sogar gemeinsam oder bringen im Anschluss Instrumente mit und nehmen den nahen Menschen in die lebendige Mitte seiner und ihrer wertvollen Erinnerungen.

Ab und zu fragen mich auch Sterbende oder Angehörige, ob ich mit ihnen gemeinsam ein Lied für die anderen entwickeln könne. Wenn hierzu eine bekannte Melodie gewählt wird, braucht man kein:e Musiktherapeut:in zu sein, um das gemeinsam mit oder für einen Menschen zu tun. Solche Lieder können dann mit oder für die Sterbenden gesungen werden und oft singen die Angehörigen sie auch noch einmal für die gerade Verstorbenen, auf der Beerdigung und/oder an Jahrestagen. Schön und zugleich traurig kön-

nen solche gemeinsam gewachsenen Gesänge das Familiensystem in der Erinnerung verbinden und stärken.
Hierfür ein Beispiel aus meiner eigenen Familie:

Melodie: Weißt du, wie viel Sternlein stehen?
(Text: Sabine Rachl und Walter Kassner/Opa)

1. Schau ich rückwärts auf mein Leben,
seh ich nicht nur Freud und Leid.
Sehe Lieb, die ich gegeben,
manches Lächeln, manche Freud.

Spiegel mich in Kinderaugen.
Lehr sie leben, lehr sie glauben,
hab so viel von euch gelernt, hab so viel von euch gelernt.

2. Hör ich rückwärts in mein Leben,
hör ich nicht nur Wohl und Weh.
Hör Musik, die mir begegnet,
wenn ich durch die Zeiten geh.

Klang und Rhythmus sind mir geblieben.
Tanzend, singend, lachend lieben,
hab gefeiert, hab gelebt – hab gefeiert, hab gelebt.

3. Fühl ich rückwärts dieses Leben,
fühl ich tiefe Dankbarkeit.
Angst und Wut hat's auch gegeben,
gab so manche schwere Zeit.

Diese Vielfalt ließ mich werden
ganz einmalig, hier auf Erden.
Bin geworden, wer ich bin – bin geworden, wer ich bin.

4. Wenn ich einst/nun muss weitergehen,
bleibt mein Segen hier bei euch.
Werde dann/bald viel weiter sehen,
als mein Erdenauge reicht.

Geb das Leben aus meinen Händen,
reise weiter ohne Enden,
reise tief in mich hinein – kann dann anders bei euch sein.

5. Wenn ihr einstmals/bald nun um mich trauert,
denkt daran, ich hab euch lieb.
Wenn ihr könnt, aus Liebe bauet
euch Geschichten und ein Lied.

Singt es oft in meinem Namen,
wie als wir zusammen waren,
es trägt euch und trägt mich mit, es trägt euch und trägt mich mit.

Manchmal wächst aus der Beschäftigung mit der Musikbiografie der Sterbenden auch der Wunsch, wichtige Lieder „über den Tod hinaus" auf der eigenen Trauerfeier erklingen zu lassen. Dann kommt es zu bewegenden Situationen, in denen Sterbende und Angehörige gemeinsam die Abschiedsfeier zumindest musikalisch planen und gestalten. Die Sterbenden erfahren so eine Möglichkeit zum Wirken über ihren Tod hinaus und die Angehörigen können der Verbundenheit zur/zum Sterbenden individuell und kreativ Ausdruck geben und ihr/ihm „letzte Wünsche" erfüllen.

Dieses letzte Kapitel habe ich begonnen mit der Übung zur eigenen Musikbiografie, mit der du deine Lebensspirale abgerundet hast und aus der dir eine Art **Musikbibliothek deines Lebens** erwachsen kann. Ich möchte dich ausdrücklich ermutigen, sie weiterzuführen, diese bilderreiche und klangvolle Erinnerungsbibliothek, die dich so einfach und intensiv mit deinen Gefühlen verbinden kann. Sie besteht aus unzähligen Kraftquellen. Dabei ist es völlig egal, ob du nun mit Gloria Gainor in schwierigen Situationen innerlich oder laut „I am what I am" oder „I will survive" singst, dir mit Céline Dion deine Lebendigkeit zusagst („I'm alive") oder mit Felix Mendelssohn Bartholdy deine Augen zu den Bergen erhebst, von welchen dir Hilfe kommt.

Wie bereits zu Beginn dieser Forschungsreise gesagt: **Den Kontakt zu uns selbst herzustellen und dauerhaft zu halten, ist unsere vorrangige Lebensaufgabe als erwachsene Menschen.** Unsere eigene lebensgeschichtlich uns zugewachsene Musik kann uns wie von Zauberhand wieder in Kontakt mit unseren lebendigsten Lebenserfahrungen bringen, mit der Persönlichkeit, die wir geworden sind und heute sind und morgen sein möchten. Gerade auch im Prozess des Abschiednehmens vom Leben oder in unserer Rolle als Begleitende von Abschied nehmenden Menschen können wir uns mit ihrer Hilfe jederzeit an uns selbst erinnern und uns unserer Persönlichkeit und Lebenstiefe fühlend gewahr werden. So können wir auf der Basis unseres ganzen gewachsenen Lebens in Würde Entscheidungen treffen, die uns selbst und unseren nahen lieben Menschen einen Abschied in fühlbar bleibender Verbundenheit ermöglichen.

Geschichten

Familie L. saß in wechselnden Besetzungen täglich von morgens bis abends am Krankenbett des Ehemanns, Vaters, Großvaters und Onkels **Herrn M.** Im Zimmer war es meist still. Wenn die beiden Enkelsöhne dabei waren (10 und 13 Jahre alt), wurden sie stets rausgeschickt und spielten auf dem Flur oder im Gemeinschaftsraum. Herr M. konnte noch vieles allein, sodass auch das dienende Tun der nahen Menschen noch nicht gefragt war. Zu Beginn eines Besuchs brachte Herr M. die Besucher stets knapp auf den neuesten Stand und dann schwiegen alle. Nach und nach brachte sich die Familie Bücher und Zeitschriften mit, damit die Zeit im Krankenzimmer nicht so lang wurde. Sie vermittelten den Eindruck, als hätten sie ein starkes Zusammengehörigkeitsgefühl, könnten aber nicht wirklich etwas miteinander anfangen. Zu viel Zeit stand zur Verfügung, als dass die wenigen notwendigen Worte sie hätten füllen können.

An einem Abend, nachdem der Tagesbesuch gegangen war, fragte ich Herrn M., wie es ihm mit der Situation gehe. Auch wenn es mir von außen angestrengt vorkam, hätte es ja sein können, dass es für ihn wohltuend und normal war.

Etwas beklommen meinte er, dass er sich über den Besuch freue, aber dann nicht wisse, was zu tun sei. Eigentlich wollte er ihnen sagen, dass sie nicht so oft zu kommen bräuchten, aber er hätte Angst, sie damit zu verletzen. Als ich ihn fragte, wie sich Familientreffen denn zu Hause gestalteten, sagte er, dort seien sie auch eher schweigsam, aber da laufe eben immer das Radio im Hintergrund. Mit dieser Musik seien alle entspannter. Er höre zum Beispiel sehr gerne SWR 4, und manchmal würden sie das eine oder andere Lied mitsingen. Die Enkel würden immer darüber witzeln, hätten aber auch Freude daran, wenn die Erwachsenen „Sängerraten" spielten und sie sich dann im Smartphone die urkomischen singenden Gestalten anschauten, die ihre Großeltern gut fanden. Ich erklärte ihm, dass er doch ein Radio habe und ich ihm das einfach einstellen könne. Er sagte, das koste aber einen sehr teuren Tagessatz und so verzichte er lieber darauf. Bevor ich ging, brachte ich ihm meinen alten CD-Player mit Radio vorbei, und wir suchten gemeinsam SWR 4. Mit großer Erleichterung sank er in die Kissen, und fortan war im Krankenzimmer stets eine beschwingte Atmosphäre, und unterhalten konnte man sich nur während der Nachrichten, weil da das Radio leise gestellt wurde. Selbst die Enkel blieben im Zimmer, und mehr als einmal berichtete mir Frau M., bei welchem Lied von welchem Sänger sie gemeinsam was erlebt hätten. Dabei hielt sie Herrn M.s Hand und zwinkerte ihm zu.

Frau N., Ende ihrer 60er-Jahre, war insgesamt fünf Wochen auf unserer Station. Sie genoss die Musiktherapie von Beginn an, und neben dem Spiel auf oder dem Bespieltwerden von schwingenden Instrumenten wollte sie bei jedem Besuch mindestens eines ihrer Lieblingslieder im digitalen Stream anhören und erzählte im Anschluss lebhaft die zugehörigen Geschichten. Nach zweieinhalb Wochen ihres Aufenthalts hatte ich 14 Tage Urlaub und wähnte sie bei meiner Rückkehr im Hospiz oder jenseits von Raum und Zeit.
Aber sie war noch da. Als ich ihr Zimmer betrat, seufzte sie erleichtert auf und sagte, sie habe wirklich auf mich gewartet. Sie wolle doch noch ihre Trauerfeier planen, und wir müssten alle Lieder und Musikstücke aufschreiben, die gespielt werden sollten, auch die Reihenfolge und auch festlegen, was live gespielt werden sollte und was „vom Band“. Es war eine berührende Begegnung. Gemeinsam gingen wir noch einmal rückwärts durch ihr Leben und unsere bereits gehörten und erzählten Klanggeschichten, und Frau N. bat mich, ihre sehr genauen Vorstellungen von der Trauerfeier aufzuschreiben und mehrere Kopien davon anzufertigen.

Diese wollte sie ihren Angehörigen geben. Denen, die sie darum bitten wollte, live zu spielen, und ihrem Neffen, der die anderen Stücke einspielen sollte.
Mehr als zwei Stunden brauchten wir für die detailgenaue Planung, das gut lesbare Aufschreiben und die Kopien. Im Anschluss war Frau N. müde und zufrieden, wie sie sagte. Das sei nun wirklich ihr ganz eigener Abschied.
Sie bedankte sich herzlich und war bereits eingeschlafen, bevor ich die Zimmertür schloss. Drei Tage später starb Frau N., nachdem ihre mit den jeweiligen Aufgaben betrauten Angehörigen ihr versprochen hatten, alles genauso zu tun, wie sie es sich ausgedacht hatte.

Literatur

Baumann, Martina, Bünemann, Dorothea (2009): Musiktherapie in Hospizarbeit und Palliative Care. München/Basel.

Berendt, Joachim-Ernst (1983): Nada Brahma. Die Welt ist Klang. Berlin.

Birchler, Verena (2018): Das ganze Leben in ein Lied verpacken. Lebenslieder schreiben. In: antenne. Das Medienmagazin für TV, Radio und Internet. Antenne Schweiz 07/18, 4–7.

Haffa-Schmidt, Ulrike (2011): Menschen in existenziellen Krisen – Musiktherapie in der Onkologie/auf der Palliativstation. In: Tagungsdokumentation: Bunt! Lebendig! Reflektiert! Ein Blick auf Musiktherapie heute. Berlin 10-2011: DMTG, 16–22.

Kölsch, Stefan (2019): Good Vibrations. Die heilende Kraft der Musik. Berlin.

Kraus, Werner (2018): Die Heilkraft der Musik. Einführung in die Musiktherapie. München.

Rachl, Sabine (2017): Ich wohne bald im Zeitlosraum. Mutgeschichten vom Sterben und vom Leben. Kinder und ihre Familien erzählen. Ostfildern.

Nachklang

Mit Andrea Schells Zitat zur Lebensvollendung habe ich dieses Buch begonnen, mit einer aus ihren Worten gewachsenen Übung möchte ich es auch beenden.
Diese Übung fasst alle Bereiche der Wanderung, die wir auf den Seiten dieses Buches gemeinsam unternommen haben, noch einmal zusammen. Sie kann auch ganz für sich stehen. Wenn du z. B. mit einem nahen Menschen, der die Forschungsreise nicht mit dir gemeinsam gemacht hat, über deine Erfahrungen sprechen möchtest, kannst du ihn/sie bitten, zunächst die Worte von Andrea Schell auf sich wirken zu lassen und dann im Anschluss diese Übung zu machen. Dabei ist es egal, ob sie nur gedanklich oder auch schriftlich durchgeführt wird. Wenn das geschehen ist, habt ihr eine ganz andere Gesprächsgrundlage.
Für dich selbst kann die Übung an dieser Stelle ein zusammenfassender Spaziergang sein, an dessen Ende du die letzten Gedankenschnipsel in dein schönes Begleitheft schreiben kannst, wenn du es möchtest:

„Auf eine Art empfinde ich das Sterben als mein Meisterstück. Diese Krankheit schenkt mir genug Vorlauf, um ganz bewusst darauf zuzugehen. Das ist die Vorwärtsbewegung. Diese Vorwärtsbewegung ist aber zugleich eine Rückwärtsbewegung, eine Beschäftigung mit meiner Vergangenheit, meinem gelebten Leben, eine Innenwärtsbewegung, immer tieferes Hineingleiten in mich selbst – wortfrei – und eine Auswärtsbewegung – die Kommunikation mit meinen Lieben, um sie so weit wie möglich mitzunehmen auf dem Weg meiner Lebensvollendung.
Das trifft es vielleicht am ehesten: Ich möchte mein Leben nicht nur bewusst beenden, ich möchte es vollenden auf meine ganz ureigene unvergleichliche Art.
Dieses Sterben wird mein Meisterstück. Das wünsche ich mir.
Und dafür brauche ich eure Unterstützung."

ANDREA SCHELL, 53 JAHRE, JANUAR 2021,
GESTORBEN MÄRZ 2021

Vorwärtsbewegung: Ich bereite mich auf mein eigenes Sterben, das vor mir liegt, vor.
Was möchte ich bis zu meinem Sterben gern noch erleben?
Welche Haltung habe ich meinem eigenen Sterben gegenüber?
Welche Ängste begleiten mich, wenn ich ans Sterben denke?
Welche Ideen habe ich, um diesen Ängsten zu begegnen?
Was wünsche ich mir für mein eigenes Sterben?

Rückwärtsbewegung: Zu dieser Vorbereitung gehört es auch, dass ich rückwärts auf mein Leben schaue.
Wie habe ich bisher gelebt?
Bin ich mit meinem Leben zufrieden?
Was habe ich an Schönheit und innerem Reichtum gesammelt?
Was konnte ich weitergeben?
Was habe ich an Schwerem erlebt und wie bin ich hindurchgegangen?
Gibt es Konflikte, die mich tief bewegen? Möchte und kann ich sie noch lösen?
Wenn nicht, möchte oder kann ich sie auf eine Art loslassen?
Gibt es Menschen, mit denen ich gemeinsam in alten Fotoalben blättern und mich erinnern kann und möchte?
Was für ein Empfinden habe ich insgesamt meinem bisherigen Leben gegenüber?

Innenwärtsbewegung: Meinen inneren Sterbeweg gehe ich letztlich allein. Andrea Schell hat es ein wortfreies „Hineingleiten in mich selbst“ genannt.
Habe ich Erfahrungen mit wortlosen bzw. gedankenfreien Bewegungen nach innen?
Habe ich solche Erfahrungen z. B. in Meditationen schon einmal gemacht?
Wenn nicht, möchte ich sie suchen?
Gibt es Musik, die mich in solche Bereiche trägt?

Gibt es natürliche Räume, die in mir solche Bereiche öffnen?
Was brauche ich, um mich in mich selbst hineinfallen lassen zu können?

Auswärtsbewegung: Wenn ich wirklich meinen eigenen Tod möglichst selbstbestimmt sterben möchte, gehört es dazu, meine nahen Menschen darüber zu informieren, welche Vorstellungen ich habe und was ich möglicherweise von ihnen erwarte oder erbitte.
Wissen meine Lieben, was ich zu meinem eigenen Tod denke?
Wissen meine Lieben, wie ich sterben möchte und wie sie mich dabei begleiten können?
Wissen meine Lieben, was sie unterlassen sollen, weil ich es für mich nicht als würdig erachte?
Habe ich all das in einer rechtlich bindenden Form auch niedergelegt?
Habe ich ein Testament gemacht und eine Patientenverfügung und Vorsorgevollmacht aufgesetzt?
Habe ich mich um mein eigenes Sterben schon gekümmert?
Was möchte ich in diesem Themenfeld als Nächstes tun?

Gute Lebensreise wünsche ich dir von Herzen!

Sabine Rachl

Mein herzlicher Dank …

… geht zunächst an alle Menschen, die mir erlaubt haben, ihre Worte, Texte, Bilder und Fotos anonym oder namentlich für dieses Buch zu verwenden. An dieser Stelle möchte ich auch darauf hinweisen, dass ich bei Fallgeschichten nicht nur fiktive Anfangsbuchstaben für Nachnamen gewählt habe, sondern auch bewusst nur ungefähre Altersangaben gemacht und manchmal erkennbare lebensgeschichtliche Ereignisse oder Personenkonstellationen verändert habe, ohne den Sinngehalt der Begegnungen zu verfälschen.

… geht an Petra Hugo, meine Ausbilderin in der Trauerbegleitung, die mir nicht nur einige ihrer Materialien und Grafiken zur Verfügung gestellt hat, sondern die auch seit über 30 Jahren mit Herz und erfahrungsbasiertem Sachverstand intensiv und engagiert Trauerbegleiter:innen aus- und fortbildet (www.trauer-wege-leben.de).

… geht an Dietrich Erbe und Stephanie Cramer, die durch ihr korrigierendes Lesen, ihre Fragen und Anmerkungen meinen Blick geschärft und meine Texte verständlicher gemacht haben.

… geht an Helmut Anton Zirkelbach (www.helm-zirkelbach.de), der mir nicht nur eine Auswahl an echten Totenköpfen zur Verfügung gestellt, sondern auch noch mit Geduld und einem Auge fürs Wesentliche die Fotos mit Totenkopf eingefangen hat.

… geht an das tolle pflegerisch/therapeutisch/ärztliche Team der Palliativstation der Uniklinik Tübingen, dessen Teil ich in den vergangenen Jahren sein durfte. Diese Arbeit hat meinen Erfahrungsradius unschätzbar erweitert und mir Geschichten geschenkt.

… geht an den Masterstudiengang Musiktherapie und hier vor allem an Frau Professorin Dr. Susanne Bauer sowie an das ZIW, die mir seit Jahren ihr Vertrauen schenken und denen ich meine vielfältigen Lehrerfahrungen verdanke.

… geht an Claudia Lueg vom Patmos Verlag, die mich ermutigt hat, dieses Manuskript vorzulegen, und mir große gestalterische Freiheiten und immer freundliche und geduldige Ansprache auf Augenhöhe geschenkt hat.

DANKE

Verbände, Netzwerke, Entwicklungen

Hinweisen möchte ich noch auf …

… den Bundesverband für Trauerbegleitung (BVT), dessen Mitglieder seit über 30 Jahren deutschlandweit Trauerbegleiter:innen qualifizieren und weiterbilden:
www.bv-trauerbegleitung.de

… die zweimal jährlich stattfindende Messe „Leben und Tod" (Bremen und Freiburg), die sich als Fortbildungsveranstaltung für Haupt- und Ehrenamtliche aus Hospiz, Palliative Care, Seelsorge, Trauerbegleitung und Bestattungskultur gleichzeitig an Betroffene, Angehörige sowie interessierte Bürger:innen wendet. So gelingt es, die Themen Sterben, Tod und Trauer wieder in die Gesellschaft zu tragen und miteinander in den Austausch zu kommen: www.leben-und-tod.de

… das Tagungsfestival „Leben, Sterben, Feiern", das seit 2011 alle zwei Jahre im ZEGG-Seminarzentrum in Bad Belzig stattfindet und das ich mitorganisiere. Beruflich wie persönlich interessierte Menschen – Erwachsene, Kinder und Jugendliche – begegnen sich hier. Wir teilen und gestalten miteinander Erfahrungen, Wissen und Weisheiten zu Lebensübergängen, Sterben und Trauern mit unterschiedlichen Themenschwerpunkten. Es geht um Eigenmacht, Verantwortung und Gemeinschaft im Umgang mit Sterben, Tod und Trauer als natürliche Anteile unseres Lebens:
www.leben-sterben-feiern.de

… das auf der Schwäbischen Alb und weltweit entstehende Lichtinsel-Netzwerk, das kleine Veranstaltungsorte, Projekte und Lebensgemeinschaften miteinander verbindet, die erkunden wollen, wie „wesentlich leben“ in unserer Zeit möglich ist. Es befasst sich inhaltlich vor allem mit der Gestaltung der Übergänge des Lebens, mit Geburt und Tod, mit dem Erwachsenwerden und mit dem Altern, mit dem Kranksein und Gesundwerden und mit Fragen der Liebe und des Glücks. Meine Aktivitäten werden sich in den kommenden Jahren im Rahmen dieses Netzwerks bewegen: www.lichtinsel-alb.de und www.lichtinsel.world

… dieses Wissenswerte über Entwicklungen im Feld Palliativ-Care:

- Die erste Palliativstation Deutschlands wurde 1983 an der Universitätsklinik Köln eröffnet. Das erste Hospiz in Deutschland nahm 1986 in Aachen seine Arbeit auf. Das erste Kinderhospiz in Deutschland öffnete 1998 in Olpe seine Pforten.
- 14.620 Ärztinnen und Ärzte mit der Weiterbildung Palliativmedizin verzeichnet die Deutsche Ärztestatistik zum Stichtag 31.12.2021. 2005 waren es laut der Gesundheitsberichterstattung des Bundes erst 101.
- Mehr als 120.000 Menschen bundesweit kümmern sich laut des Deutschen Hospiz- und PalliativVerbandes ehren- oder hauptamtlich um schwerstkranke und sterbende Menschen.
- Für das Jahr 2022 meldeten die Standesämter bundesweit 1.066.341 Sterbefälle an die amtliche Statistik [Stand: 28.07.2023].
- Die Online-Datenbank der Deutschen Gesellschaft für Palliativmedizin listete Ende Juli 2023 340 Palliativstationen sowie 260 stationäre Hospize für Erwachsene auf. Für Kinder und Jugendliche waren dort vier Palliativstationen und 19 stationäre Hospize verzeichnet.
- Bundesweit gibt es über 400 Teams der Spezialisierten Ambulanten Palliativversorgung, 36 davon für Kinder und Jugendliche.

- Rund 1500 ambulante Hospizdienste sind für Schwerstkranke und ihre Familien da. Etwa 150 davon kümmern sich speziell um Kinder und Jugendliche.
- In einer US-amerikanischen Studie lebten palliativ betreute Patienten mit fortgeschrittenem Lungenkrebs im Durchschnitt drei Monate länger als Teilnehmer, die nur eine Krebstherapie erhielten.

(Diese Auflistung erschien im MDK-Forum, Heft 1/2021. Die Zahlen wurden soweit möglich aktualisiert [Stand 31.07.2023]. Dabei half freundlicherweise Dr. Silke Heller-Jung, die in Frechen bei Köln ein Redaktionsbüro für Gesundheitsthemen unterhält: redaktion@heller-jung.de, https://www.dhpv.de/zahlen_daten_fakten.html)

Vita

Sabine Rachl arbeitet als Musiktherapeutin auf der Palliativstation der Universitätsklinik Tübingen und ist Lehrbeauftragte für palliative Musiktherapie an der UdK Berlin. Die ausgebildete Sterbe- und Trauerbegleiterin (BVT) und Fachpädagogin für Psychotraumatologie (ZTK) ist gefragte Bildungsreferentin für den Umgang mit Sterben, Tod und Trauer.

PATMOS
ESCHBACH
GRÜNEWALD
THORBECKE
SCHWABEN
VER SACRUM

Die Verlagsgruppe
mit Sinn für das Leben

MIX
Papier aus verantwortungsvollen Quellen
FSC® C014138

Klimaneutral
Druckprodukt
ClimatePartner.com/14549-2003-1001

Die Verlagsgruppe Patmos ist sich ihrer Verantwortung gegenüber unserer Umwelt bewusst. Wir folgen dem Prinzip der Nachhaltigkeit und streben den Einklang von wirtschaftlicher Entwicklung, sozialer Sicherheit und Erhaltung unserer natürlichen Lebensgrundlagen an. Näheres zur Nachhaltigkeitsstrategie der Verlagsgruppe Patmos auf unserer Website www.verlagsgruppe-patmos.de/nachhaltig-gut-leben

Verlagsgruppe Patmos in der Schwabenverlag AG, Ostfildern
www.verlagsgruppe-patmos.de

Umschlaggestaltung: Finken & Bumiller, Stuttgart
Fotos mit Totenköpfen im Innenteil: Helmut Anton Zirkelbach, www.helm-zirkelbach.de
Gestaltung, Satz und Repro: Schwabenverlag AG, Ostfildern
Druck: Finidr s.r.o., Český Těšín
Hergestellt in Tschechien
ISBN 978-3-8436-1513-6